基于复杂网络的中小企业供应链融资获取机制研究

资本与能力的博弈

薛萌◎著

中国财经出版传媒集团
中国财政经济出版社

图书在版编目（CIP）数据

基于复杂网络的中小企业供应链融资获取机制研究：资本与能力的博弈／薛萌著．--北京：中国财政经济出版社，2023.9

ISBN 978-7-5223-2377-0

Ⅰ.①基… Ⅱ.①薛… Ⅲ.①中小企业-供应链-企业融资-研究 Ⅳ.①F276.3

中国国家版本馆 CIP 数据核字（2023）第 141761 号

责任编辑：陆宗祥　　　　责任校对：徐艳丽
封面设计：陈宇琰　　　　责任印制：张　健

基于复杂网络的中小企业供应链融资获取机制研究：资本与能力的博弈
JIYU FUZA WANGLUO DE ZHONGXIAO QIYE GONGYINGLIAN RONGZI HUOQU JIZHI YANJIU：ZIBEN YU NENGLI DE BOYI

中国财政经济出版社 出版
URL：http：//www.cfeph.cn
E-mail：cfeph@cfeph.cn

社址：北京市海淀区阜成路甲 28 号　邮政编码：100142
营销中心电话：010-88191522
天猫网店：中国财政经济出版社旗舰店
网址：https：//zgczjjcbs.tmall.com
北京财经印刷厂印刷　各地新华书店经销
成品尺寸：170mm×240mm　16 开　14.25 印张　212 000 字
2023 年 9 月第 1 版　2023 年 9 月北京第 1 次印刷
定价：76.00 元
ISBN 978-7-5223-2377-0
（图书出现印装问题，本社负责调换，电话：010-88190548）
本社质量投诉电话：010-88190744
打击盗版举报热线：010-88191661　QQ：2242791300

专著支持基金：

陕西省创新能力支撑计划软科学研究计划项目（2022KRM097）；陕西省哲学社会科学研究专项项目（2023QN1145）；西安市2023年度社会科学规划基金（23JX101）；西安理工大学博士启动基金（105－451122001）

前　言

伴随着全球化市场竞争激烈程度加剧、产品生命周期持续缩短、顾客需求日趋个性，以及综合用工成本和原料成本的不断上涨，我国中小企业的未来发展面临着越来越多的考验和挑战。供应链金融业务的出现与发展为缓解中小企业资金压力提供了新思路。该业务能够结合“产—供—销”各个环节，通过资源整合，实现供应链各方参与主体的多方共赢，为积极实现金融服务的供给侧结构性改革提供助力。近些年来，随着国内外银行业、先进物流企业的发展，各种各样的供应链金融服务被开发出来，从而帮助资金压力较大的企业实现对资金流的高效管理与运用。国外如摩根大通（JP Morgan Chase Vastera）、UPS 资本，以及渣打银行等，针对供应链或分销链推出供应链金融服务；国内如深圳发展银行的“1 + N”供应链金融系列产品服务、兴业银行的“金芝麻”系列产品，以及招商银行的电子供应链金融业务均为中小企业提供了一定的资金支持。

在供应链金融快速发展的实务背景下，学术界对供应链金融业务的关注也逐年增长，并将其视为缓解中小企业融资困境的重要途径，展开了多方位、多视角的研究。总体来看，学界对供应链金融业务的研究主要集中在以下几方面：一是从供应链金融业务本身出发，对业务运作的模式、供应链金融业务的风险防范等科学问题展开探讨，其中也不乏大量学者从互联网供应链金融业务的角度展开相关研究；二是从企业自身的角度入手，挖掘供应链金融业务的作用效果，包括对企业融资约束、经营绩效等方面的影响；三是从企业能力提升的视角入手，探讨企业竞争能力、创新能力提升对供应链融资的作用。总结关于供应链金融的现有研究成果发现，当前研究较少从伙伴选择的视角出发，挖掘供应链融资的获取机制，尤其是结合当前供应链复杂化发展的情境，探讨供应链节点中小企业如何通过积累、转化关系资本，从而提升自身供应链融资绩效的实证研究仍为空白。

围绕供应链金融的研究“留白”，本书将展开以下几方面内容的探讨：首先，基于供应链伙伴选择的原则，通过探讨供应链节点中小企业与核心企业间的关系特性，明确供应链伙伴关系特性对于供应链融资业务绩效的作用效果；其次，基于资源基础观，梳理出“伙伴关系识别—关系资本积累—融资绩效提升”的逻辑思路，通过构建结构方程模型，厘清中小企业关系资本积累在逻辑框架中存在的桥接作用；再次，考虑网络能力的边际效益，通过在模型中补充调节效应检验的交互项，构建新的 SEM 2，从而验证网络能力对于关系资本与供应链融资绩效作用关系间的调节效应，明确中小企业网络能力的培育与开发对于供应链融资绩效提升的意义；最后，聚焦供应链的复杂化发展特征，基于供应链复杂性的相关定量研究成果，进一步分析中小企业处在供应链网络当中，其关系资本转化效率、网络能力的调节作用是否由于复杂性的不同导致融资绩效有所差异，进而明确供应链复杂性这一变量在供应链融资绩效提升机制当中存在的二阶、三阶调节效应。

本书以供应链节点中小企业与核心企业的关系发展趋势作为关注点展开多项实证研究，以期从理论上丰富、从实践上指导中小企业应用供应链融资业务解决资金需求时面临的实际难题。本书创新点主要集中在以下几方面：一是搭建起“关系识别—资源积累—融资绩效提升”的研究框架，拓展了供应链融资获取机制的理论框架，丰富了供应链金融业务领域研究的实证研究成果；二是创新构建关系资本转化边界的研究视角，提出网络能力提升对于关系资本转化的边界条件，明确了关系资本转化为融资绩效的调节效应研究结论；三是通过构建多群组结构方程模型针对不同群组的中小企业样本进行检验，形成不同中小企业群组关系资本与供应链融资绩效关系路径的对比分析，以补充当前供应链复杂性作用于关系资本转化效率的研究成果；四是通过探索供应链复杂性的高阶调节效应，一方面，补充中小企业网络能力开发的适用情景；另一方面，进一步丰富“三阶调节效应”的定量研究成果。

总的来说，本书不仅从理论层面出发构建了基于供应链复杂化发展视角下的融资绩效提升模型，而且还应用实证研究方法对“中小企业是如何通过供应链伙伴特性培养、关系资本积累与自身能力的提升，进而获取更高融资绩效”的核心问题展开全面分析，解读中小企业供应链融资获取路径当中尚未被完全揭示出的内在机制。通过研究，得到以下结论：(1) 资源互补性、目标协同性能够对供应链融资绩效起到直接、间接的促进作用，而文化相容性则通过关系资本积累，间接对供应链融资绩效起到改善作用。关系资本在供应链伙伴特性与供应链融资绩效关系间的中介效应显著。(2) 网络能力正向调节关系资本对供应链融资绩效的促进作用，并且关系资本子维度信任、沟通和承诺对供应链融资绩效的改善作用均会受到网络能力的正向调节。(3) 供应链复杂性负向调节沟通对供应链融资绩效的提升作用，但是对网络能力的三阶正向调节效应显著。即，供应链复杂性正向调节网络能力对关系资本与供应链融资间关系的调节效应。这说明，当供应链复杂性提升时，关系资本转化为供应链融资绩效的直接效应会被削弱，企业想要提升供应链融资绩效，更要注重自身网络能力发挥的重要作用。

2023 年 6 月

Preface

With the increasingly fierce competition in the global market, the continuous shortening of product life cycle, the increasing individuality of customer demand and the rising of comprehensive labor cost and raw material cost, the future development of small and medium – sized enterprises in China are facing more and more tests and challenges. The emergence and development of supply chain financial business provides a new way to relieve the financial pressure of SEMs. Supply chain financial can integrate all aspects of "production – supply – marketing" and achieve win – win results for all enterprises involved in the supply chain through resource integration, so as to help social economy realize the supply side reform of financial services. In recent years, some advanced logistics enterprises and banks have timely launched diversified supply chain financing services to help enterprises achieve effective management of capital flows: supply chain financing services for supply chain and distribution chain provided by foreign countries such as JP Morgan Chase Vastera, UPS capital, Standard Chartered Bank, etc. Domestic supply chain financing services include the "1 + N" supply chain financing products of Shenzhen Development Bank, the "supply chain financing solution for SMEs" of Shanghai Pudong Development Bank, the "Jinsesame" supply chain financial services of Industrial Bank, and the "Electronic Supply Chain Finance" of China Merchants Bank, all of which provide supply chain financing services and SMEs.

Under the practical background of the rapid development of supply chain finance, the scholars pay more attention to the supply chain finance business year by year, and regard it as a new way to alleviate the financing difficulties of SMEs, so as to carry out some multi perspective subjects for supply chain finance. At present, the research on supply chain finance mainly concentrates on the following three aspects: Firstly, Scholars are concerned on the supply chain finance itself, study the scientific issues of their business operation mode and financing risk prevention, etc. There are also a large number of scholars from the perspective of internet supply chain financial business to carry out relevant research. Secondly, from the perspective of the enterprise itself, a large number of scholars have studied the impact of supply chain finance on enterprise financing constraints and business performance. Thirdly, based on the perspective of enterprise capability, explores the impact of competitiveness and innovationon on supply chain financing performance. Summarizing the existing research results on supply chain finance, it is found that the current research focuses less on the influence factors of supply chain financing performance. Especially in the context of current supply chain complexity, there is still no empirical research on how SMEs in the supply chain can improve their own supply chain financing performance by accumulating and transforming relationship capital. Focusing on the shortcomings of the existing research, this paper focuses on the following aspects: Firstly, starting from the 4C principle of strategic alliance partner selection, verify the effect of supply chain partner characteristics on supply chain financing performance by discussing the relationship between SMEs and core enterprises in supply chain. Secondly, based on the resource - based view, the logical chain of "relationship identification - capital accumulation - financing performance inprovement" is established. Through empirical analysis, the influence mechanism of supply chain partnership characteristics and relationship capital on supply chain financing is verified, and the relationship between elements is clearly studied; Thirdly, considering the marginal benefit of network capability, by adding the interaction term between network capability and relationship capital into the model, this paper analyzes the efficiency of transforming relationship capital into financing performance of SEMs from the perspective of network capability difference, and clarifies the significance of cultivating and developing network capability of small and medium - sized enterprises for improving supply chain financing performance. Finaly, focusing on the complex development characteristics of supply chain, this paper further analyzes whether SMEs in different complex supply chain will have different conversion efficiency of relationship capital to supply chain financing performance. So as to verify the regulatory effect of supply chain complexity in the supply chain financing performance improvement mechanism. The research focuses on the development trend of the relationship between SMEs and core enterprises in the supply chain, in order to enrich the theory and guide SMEs to use supply chain financing business to solve the practical problems faced by capital demand. Specifically, the innovation of the study focuses on the following aspects: (1) Expanding the theoretical framework of supply chain financing performance antecedent research by construct the framework of "relationship identification - resource accumulation - financing performance improvement ", enriching the empirical research in the field of supply chain finance; (2) Innovating construct a frame work of relationship capital transformation boundary, clarifying the boundary conditions of relationship capital transformation into supply chain financing performance; (3) By constructing a multi group structural equation model, this paper forms a comparative analysis of the relationship paths between different SMEs, which complements the research results of supply chain complexity on the efficiency of relationship capital transformation; (4) Exploring the high - order regulatory effect of supply chain complexity. On the one hand, the research complements the applicable scenarios of SMEs' network capacity development, on the other hand, it further enriches the quantitative research of " third - order regulation effect" .

In general, this study not only constructs the financing performance promotion model based on the supply chain complexity perspective from the theoretical level, but also applies the empirical research method to carry out a comprehensive analysis of the core issues of "how the SMEs obtain higher financing performance through the cultivation of the characteristics of supply chain partners, accumulation of relationship capital and the improvement of their own ability". So as to interpret the internal influence mechanism of supply chain partner characteristics on supply chain financing performance. Through the research and empirical analysis, we get the following conclusions: Firstly, resource complementarity and target coordination can directly and indirectly promote the supply chain financing perfomance, while cultural compatibility can indirectly improve the supply chain financing performance through the accumulation of relational capital. The intermediary effect of relational capital is significant. Secondly, Network capability can positively regulate the role of relationship capital in promoting supply chain financing. At the same time, the network capability positively regulates the role of trust, communication and commitment in improving supply chain financing performance. Thirdly, Supply chain complexity negatively regulates the role of communication in improving supply chain financing performance, and positively regulates the regulatory effect of network capability. It shows that the higher the complexity of the supply chain, the direct effect of transforming the established relationship capital of SMEs into the supply chain financing performance will be weakened. If SMEs want to improve the supply chain financing performance, they should pay more attention to cultivate their own network capabilities.

2023 - 6

目 录

1 绪论 / 1

1.1 研究背景 / 1

1.2 问题的提出 / 7

1.3 研究目的及意义 / 11

1.4 研究内容与思路 / 14

1.5 研究创新点 / 18

1.6 技术路线与研究方法 / 21

2 理论基础与文献综述 / 24

2.1 研究范畴界定 / 24

2.2 供应链伙伴特性相关理论与文献综述 / 26

2.3 关系资本相关理论与文献综述 / 34

2.4 供应链融资相关理论与文献综述 / 43

2.5 网络能力的相关理论与文献综述 / 55

3 研究情境与理论分析 / 62

3.1 研究对象与情境界定 / 62

3.2 理论分析 / 66

3.3 概念模型初步构建 / 76

3.4 本章小结 / 76

4 研究变量界定与假设提出 / 78

4.1 研究变量界定与维度划分 / 78

4.2 供应链伙伴特性、关系资本对供应链融资绩效的影响及假设提出 / 93
4.3 概念模型确定 / 108
4.4 本章小结 / 110

5 研究设计 / 112
5.1 调研问卷设计与内容 / 112
5.2 数据收集 / 116
5.3 研究量表设计 / 117
5.4 实证研究分析工具与方法 / 121
5.5 本章小结 / 124

6 模型假说检验 / 126
6.1 描述性统计分析 / 126
6.2 相关性分析 / 132
6.3 信度与效度分析 / 132
6.4 假设检验 / 144
6.5 研究结果讨论 / 162
6.6 本章小结 / 174

7 结论与展望 / 176
7.1 主要研究结论 / 176
7.2 理论贡献与实践价值 / 180
7.3 管理启示 / 183
7.4 研究局限性与展望 / 186

附　录 / 189

参考文献 / 193

后　记 / 212

1 绪论

1.1 研究背景

1.1.1 实践背景

（1）中小企业融资问题面临多重困境

中小企业是我国市场化经济发展的重要组成部分。总体来看，其对我国经济的贡献可总结为“五六七八九”，其中，“五”，指的是50%以上的税收由中小企业提供；“六”，指的是我国60%以上的GDP由中小企业贡献；“七”，指的是70%以上的创新产品由中小企业开发；“八”，指的是中小企业解决了80%以上人口的就业问题；“九”，指的是我国有90%的企业均为中小企业[1]。在我国第六届中国企业国际融资洽谈会上，原招商银行行长马蔚华指出：“如若能找到一把钥匙，它能够解决就业、解决贫困、解决发展，那么这把钥匙就代表着中小企业的成功。”受到国际经济形势的影响，中美贸易战接连不断，国际市场需求面临较大动荡，叠加综合成本上涨、人民币持续贬值等多方面因素，我国中小企业面临着巨大经济压力。

国际信用保险及信用管理服务机构Coface对我国约1000家企业展开的调研结果显示，“赊账”是我国企业在贸易过程中使用较为广泛的支付方式之一。在采用赊销方式结算的企业当中，约2/3的受访对象曾在一年中经历了应收账款到期无法收回的现象。同时，企业应收账款的平均超期时间超过三个月的企业数量较上一年增加了5个百分点，超期大于5个月的企业数量增加到15.9%，较上一年增加了6个百分点之多。据以往经验推断，80%超期时间大于半年的应收账款最终无法顺利回款。中小企业由于自身规模限制，导致经常面临货款回收周期较长、采购资金支付期压缩等问题，这也致使中小企业的资金需求巨大，资金链断裂的风险较大型企业而言更加明显。在当今赊销方式盛行的背景下，中小企业资金短缺问题将愈发严重，并会进一步成为影响企业后续发展与运营的重要因素之一。同时，综合我国中小企业融资现状数据发现，与其他各国相比，我国有66%的中小企业面临融资困难，而欧盟国家的比例仅为13%，在英国，申请贷款的中小企业仅有11%被银行完全拒绝，19%被部分拒绝，或者说70%的融资申请都能得到批准。通过横向比较，更彰显出我国中小企业"融资难"的问题较为普遍，且更为特殊，因而，对缓解我国中小企业融资难、融资贵问题的探索，更需要实务界的探索和理论界的深入研究。

(2) 供应链金融业务发展势头迅猛，业务规模逐年扩大

中国供应链金融业务的发展得益于20世纪80年代后期国家物流业的迅速崛起。在短短几十年间，供应链金融业务在我国金融业当中经历了从无到有、从单一化到系统化发展的多个过程，并伴随着国家经济制度的改革与深化，业务模式存在着以物流金融、物资银行、仓单质押以及库存商品融资为代表的多种类型。前瞻产业研究院基于供应链金融行业发展撰写的调研报告显示，预计到2020年，供应链金融业务在我国将实现约14.98万亿元的市场规模①。

供应链金融业务之所以能够得到广泛运用，原因在于该业务能够紧密联系资产端，以优质资产对接资金端，这使得供应链上的信息、信用和风险得以着陆，从而较好地解决了中小企业，特别是成长性较好但却因为经营不稳定、信用不足、固定资产缺失等问题导致融资困难的中小企业得到

① 前瞻产业研究院：《2015—2020中国供应链金融市场前瞻与投资战略规划分析报告》。

资金支持[2-3]。在我国，深圳发展银行早期开发的供应链金融业务是我国供应链金融业务运作发展历程中的一个典型案例代表，可将该业务概括为“M+1+N”的供应链融资服务。其中，“1”就是供应链当中的核心企业，M为上游供应商，N则代表客户，该业务由商业银行主导，通过核心企业连接上下游供应商和客户，进而为需要融资的中小供应商或客户提供贷款，缓解了节点中小企业的融资需求[1][4]。

随着供给侧结构性改革的深入推进，我国国内整体产业结构发生了新的变化，这也对供应链金融业务的发展提出了新的要求。当前，“互联网+”在中国电子商务时代发展迅猛，借助互联网平台运行的供应链金融业务也层出不穷，在此背景下，一方面供应链网络形成了更加清晰的交易结构与关系；另一方面，网络当中的信息流也实现了高度融合。此时，网络当中的参与主体范围逐渐膨胀，业务参与方从直接利益的参与者延伸至不同网络当中的多个主体之间。可见，供应链金融业务在当前市场经济迅猛发展的过程中面临着更多调整的可能性，这是由于供应链金融业务应用的范围极大扩散，使得当前基于供应链金融业务的内部要素和流程扮演了更加重要的角色，因此有必要针对供应链金融业务涉及的多个内部要素展开深入的探讨。

1.1.2 理论背景

（1）供应链融资绩效提升的管理议题日趋增加，但鲜少关注核心企业伙伴识别因素的作用效果

近年来，针对供应链融资绩效提升的管理议题正日益成为供应链金融领域的研究热点。相对于传统的商业银行信贷业务，供应链金融重点关注供应链的整体运营情况，是一种结合真实贸易背景形成的金融信贷业务[5]。因而，供应链金融业务的开展主要依靠于企业的真实贸易背景和交易信息，资金提供方面对的是供应链上的多个企业，而并非传统意义上的单一企业。

对供应链节点中小企业的伙伴特性评估，是核心企业伙伴选择的首要

任务，而关系资本则是通过双方长期关系来往形成的关系资源。与核心企业间关系的价值创造，一方面需要中小企业具有互补性资源和能力，同时还需要两者在社会制度、经营目标等方面具备一定的相似性[6]。我国作为一个关系型社会，个人或企业借由社会关系网络享有的关系性资源对于企业的发展作用不容忽视。在供应链当中关系资本的积累是企业实现目标的独特资源，尤其是对于节点上的中小企业而言，与核心企业间建立稳固的合作关系对于其未来发展至关重要。Dwyer 等[7]于 1987 年的研究成果为学界提供了买卖双方合作关系演进的研究框架，之后的 30 年里，大量学者研究了二元、三元以及供应网络当中的合作关系形成，并从不同理论视角出发，解释关系价值的产生。例如，基于资源基础观的经济学理论指出，企业间通过构建合作关系能够实现技术、信息、资源的共享；社会网络理论则指出，企业间建立关系是为了利用合作伙伴的声誉提高自身地位，从而降低合作关系建立过程中高度不确定性的问题[8-9]。

众所周知，我国中小企业面临的资金压力日趋严重，亟待从供应链上的其他交易伙伴方寻求帮助，从而缩短其现金支出与回收之间的时间间隔，进而缓解资金压力。鉴于企业关系资本的重要性，当前学者对其展开的研究主要集中在以下几方面：一是认为关系资本作为一种关系型租金，企业能够基于关系资本的积累与运用，最终实现资源、信息的共享，从而降低了企业间的交易成本，为企业创造更多剩余价值[10]。二是认为关系资本的积累能够帮助企业降低机会主义行为的产生。由于关系资本是建立在交易双方互信基础之上的，如果一方背弃“关系准则”，将会形成不良记录，从而失去更多潜在市场的机会[11]。关系观指出，企业间关键性资源将跨越企业边界，形成企业间“惯例”，因而，企业间的联系是企业获取竞争优势的来源，尤其是企业间关系资本的积累与运用，更是企业维持企业在供应链当中稳定发展的“基石”。还需要明确的是，合作企业间拥有共同的伙伴特性，能够使合作企业双方更加熟悉对方，同时降低了“牛鞭效应”产生的库存积压，有利于供应链整体反应能力的提升。当前，对于伙伴特性与关系资本间关系的研究成果较为零散，同时仍然缺乏对于供应链核心企业与中小企业间伙伴特性与关系资本积累细分维度影响机理的深入挖掘与综合探讨，这也导致当前在研究供应链伙伴特性时，常将其简单地作为影响伙伴关系建立的重要因素，而忽略了对细分维度的进一步探讨。

发挥与核心企业间伙伴特性的优势，并积累丰富的关系资本将对中小企业应用供应链金融业务起到至关重要的作用。当前，对供应链融资的可得性、易得性研究成为理论界与实务界共同关注的新焦点。但现有研究成果仅集中在少量学者的成果当中，且研究内容尚处于对企业网络嵌入性、创新能力提升等个别因素与供应链融资绩效间关系的探索中，将核心企业与合作中小伙伴间的关系特性与关系资本纳入统一研究框架，进而挖掘供应链融资绩效关键前置因素等方面的研究有待开展。

(2) 围绕关系资本转化边界效率的研究尚未得到足够关注

早期，企业理论研究大量是基于“市场—企业”二分法的研究范式，将企业与其他企业组成的市场定义为两个基本单元，进而对企业间的交流过程进行假设。但在实践过程中，企业间的交流远比二分法当中提出的研究范式更为复杂，这就要求我们基于“企业—网络—市场”的范式对市场经济活动进行理解与分析，从而将企业与市场间的契约关系研究拓展到网络成员间的资源流向与交互等多个问题上。从事社会网络研究的市场经济学家指出，任何人或者组织都是嵌入在独立的社会、政治以及文化环境当中的，从而人与人、人与组织、组织与组织之间构成的关系，形成特定的网络结构。传统资源观理论指出，企业竞争优势的来源在于如何拥有并控制资源，这一观点很好地解释了企业如何获得超额收益这一问题。

伴随着企业间的交流日益紧密，大量学者通过研究验证了企业合作过程中能够形成基于关系的网络，这样的网络能够为企业获取竞争优势提供必备的战略性资源[12]。这也就进一步将传统的资源观理论与网络的观点融合起来，从而弱化资源所有权的假设，同时进一步从组织外部网络空间的视角出发探讨分布在网络当中的异质性资源是如何使企业获取竞争优势的。对网络中异质性资源的获取，企业不应仅强调控制权，而应通过对网络的治理展开探讨[13]，这一观点是对传统资源观理论的拓展与延伸，可称为“拓展的资源基础观理论”。同时值得注意的是，在企业获取资源的过程中，如何实现绩效的提升却仍未被学界进一步探讨与挖掘。基于拓展的资源基础观理论可知，网络中的资源需要有相应的能力去激活，从而使企业获取相应的经济租金。然而需要明确的是，企业积累的关系资本仅以“资源”的形成存在于企业当中，并不能给企业带来天然的竞争优势和资金获取优势，企业获取优势的本身是具备对资源整合并善加应用的能力[14]。有研究指出，企业对关系资本的开发与利用将会对企业的发展产生至关重要的作用[15]。那么，如何将关系资本有效应用并将企业积累的关系资本发挥到极致，则取决于其对关系资本的开发与运用能力。从企业关系视角来看，大量企业处于一个特定的网络当中，且在网络当中并非全部企业都能够与核心企业建立长期稳定的合作关系。资源是企业获取竞争优势的必要条件，但并非充分条件。只有企业的资源被其能力激活的时候，才能够为企业带来价值，这就是企业网络能力的作用。

综上所述，一个企业对于关系的运用将决定企业是否能够获取竞争优势。当前，探讨企业能力因素作用于企业发展的效应日渐受到关注，但研究成果尚集中于企业能力如何促进企业创新、知识获取等方面的成果，对能力作用于“关系转化”的研究成果甚少。对于资本促进融资绩效提升的作用机制研究成果也仅围绕创新能力和竞争能力等单因素的直接效应展开分析。要明确的是，对于企业关系资本提升融资绩效的作用机理研究，不能忽略对关系资本运用能力提升的作用效果，但纵观现有研究发现还鲜少有相关研究成果，因而值得学术界进一步对此展开相应研究与挖掘。

（3）供应链复杂化发展趋势对供应链金融业务运作的影响有待进一步探索

供应链金融业务是中小企业缓解融资困境的重要手段之一。伴随着经济全球化进程的加速，结构复杂的供应链网络已取代了早期简单的线性供应结构，成为当前市场经济当中的普遍存在形式。作为嵌入供应链网络当中的融资业务，供应链金融的资金提供方与融资需求方从传统的“一对一”转化为“一对多”，业务囊括的范围也更加广泛，涉及更多供应链网络节点的成员。

供应链复杂性主要来自供应链系统内部和外部存在着大量潜在的可能性，反映了供应链中供应商、客户数量的增加，进而引起信息流、物流和企业间关系管理的复杂性相应提升。同时，基于供应链金融业务的特征不难发现，供应链金融业务主要关注供应链上下游企业间的贸易背景，兼顾整个供应链的发展前景，并基于业务多方的信用进行授信。从近年来基于供应链复杂性发表的研究成果来看，复杂网络理论与供应链的结合研究已成为供应链管理的“新热点”，这也引起了物流与供应链管理领域研究人员的极大兴趣。通过对供应链以及复杂网络理论的分析，本研究发现如下几方面研究视角尚存缺失，并值得深思：一是从供应链网络的属性角度看，供应链具备复杂网络的一些属性，那么供应链复杂性在供应链关系管理当中的作用效果如何？会产生什么影响？二是经济网络化发展、产业结构转化升级等赋予供应链越来越显著的复杂网络特征。如何定量化验证供应链复杂性对嵌套在供应链当中的资金流运作效率问题，以帮助改善供应链管理效率？三是如何将复杂网络理论与供应链金融领域具体实际问题联系起来，增强实用性？这一系列问题都需要我们结合供应链复杂性这一概念，基于供应链节点企业间的关系网络展开更加详实的研究。值得注意的是，近两年来学者们加强了对供应链复杂性的研究，但研究成果尚局限于对供应链复杂性情境下的供应链绩效提升等方面的研究，在将供应链复杂性与供应链金融业务运作融合方面的研究成果还较为缺乏，这些局限导致对于当前中小企业获取供应链融资的实务研究与理论脱轨较为明显。

1.2 问题的提出

由供应链金融业务发展和中小企业融资困境尚待解决等实践需求和理论研究成果缺失点可见，对于供应链节点中小企业运用供应链金融业务的绩效提升路径，需要从核心企业与中小企业间的伙伴特性出发去探讨。本书按照“伙伴识别—资本积累—绩效提升”的研究路径，将网络能力提升视为关系资本转化的边界条件，挖掘供应链复杂化发展趋势背后暗藏的融资绩效提升方式，进而形成了本书的研究框架。同时，为了能够厘清上述研究内容，本书主要设计以下几方面关键问题，展开理论研究。

（1）供应链伙伴间的特性包含哪些方面？伙伴间的特性是否对中小企业应用供应链金融业务缓解融资压力的行为起到影响？

中小企业大部分处于初创期，由于其规模较小，并存在潜在的经营不稳定、经营期限短、财务制度不规范等隐性劣势，因而无法为金融机构提供完善的报表等信息，金融机构也因此不会为这类缺乏“硬信息”的中小企业提供贷款。有学者研究发现，供应链金融业务能够显著降低中小企业的融资约束，并提升企业的营运资金管理绩效，使企业脱离融资困境[16-17]。

然而值得注意的是，虽然供应链金融能够为中小企业提供帮助，但并非所有中小企业都能够从中获利。在供应链金融的运作过程中，参与方众多，核心企业对与其合作的中小企业会进行评估，选择合适的合作伙伴给予融资帮助，此时，与核心企业间建立的良好关系，以及与核心企业的互补、兼容性将成为决定中小企业是否能够获得融资的关键所在。由于供应链伙伴特性是企业间合作兼容性、互补性等匹配状态的衡量标准，它能够体现核心企业对与其合作的中小企业进行选择的评价标准，因而，探究“供应链伙伴特性对于供应链融资绩效的作用效果”，无论是从理论层面还是实践层面，都具有非常重要的意义。

（2）关系资本是否能够在伙伴特性与供应链融资绩效的关系间起到一定传导作用？

供应链金融业务与传统融资业务不同，其不是单独以客户企业的基本资信状况来确定是否提供相应服务，而是根据企业所在的供应链整体运作情况，以及企业的真实贸易背景为依据，来判断是否提供融资服务。通过将供应链管理的理念融入业务运作管理当中，能够更客观地对中小企业的还款实力进行判断。核心企业对于中小企业的信任、承诺，以及沟通的效率将会帮助中小企业获取发展所需的关键性资源，从而激励企业从事价值增值活动，并提升企业探索新机会的意愿[18]。基于供应链这一基本结构，只有节点上参与者互利共存、资源共享，才能使金融服务提供者快速、准确地掌握供应链当中的资金流向。可以说，如果供应链上各企业之间缺乏合作，那么供应链金融业务则不复存在。

在现有研究背景下，关系资本是供应链融资获取的关键前置因素之一，基于关系资本各维度开展的相关实证研究成为当前理论界关注的焦点。但是从供应链伙伴特性出发，对关系资本在伙伴特性与供应链融资绩效间起到的作用的理论挖掘还较为缺乏，致使当前对供应链形成、发展与供应链金融业务运作关系的研究缺乏原始性的分解，从而制约了供应链融资绩效提升的潜在机理研究探索，因此，有必要将关系资本纳入供应链伙伴特性与供应链融资绩效提升的研究框架当中，进一步挖掘关系资本在其中的作用机理，以打开伙伴特性与供应链融资绩效提升关系间的“黑箱”。

(3) 网络能力的不同是否对中小企业关系资本转化为融资绩效的效率产生影响?

作为社会网络最常见的网络形态之一，供应链网络当中囊括了大量制造、销售企业，并且在网络运作过程中涵盖了多种多样的交易与管理业务。供应链金融正是基于这样的网络关系形成的一种综合性融资业务。在供应链金融业务当中，企业是否能够获得融资，主要依靠整个供应链的发展情况，以及金融机构设定的焦点核心企业与其真实贸易背景情况决定。

可以说，供应链金融源于实体经济的运作。作为企业掌握、应用进而拓展网络关系的关键能力之一，网络能力体现了一个企业对自身关系网络管理与控制的能力，并且能够对企业绩效产生一定的促进作用。在供应链网络当中，企业间的关系异常复杂，存在以核心企业为中心的多维交互形态。由于关系资本对企业来说是一种获取竞争优势的资源，因而其转化为企业竞争优势的关键还在于对关系资源的运用效率。当前，多数学者将网络能力与企业创新过程结合在一起，分析网络能力构建对于企业创新绩效提升的直接或间接作用。将网络能力与供应链融资业务联系起来展开的理论分析与实证检验尚未得到足够关注。作为企业实现生存、成长的关键能力，不同网络能力的构建与提升对于关系资本转化为绩效的作用不尽相同，而对供应链网络节点中小企业网络能力作用效果的解构与分析，对于供应链网络当中的中小企业供应链融资绩效提升路径研究至关重要。

（4）供应链复杂性是什么？供应链的复杂化发展对中小企业获取供应链融资有何影响？中小企业网络能力的提升是否对关系资本转化产生积极作用？

当前，供应链网络正逐渐朝着多元化与复杂化的网络结构发展。在供应链管理实践当中，供应链并非呈现出一种简单的链式结构，而是涵盖多层级、多业务领域的制造商、供应商以及分销网络。因而，在这种复杂关系网络结构当中，以核心企业为主导的供应链金融业务将涵盖众多供应链参与者，并且要求核心企业对供应链当中的资金流、物流、信息流进行控制。在复杂供应链网络发展的背景下，供应链金融业务运作将需要更多信息支撑，以全面整合供应链节点上的金融资源。

然而，总结当前基于网络视角开展的供应链融资绩效提升机理研究，更多的是从供应链金融业务的风险及网络嵌入性等问题展开，仍缺少基于供应链复杂性的深刻揭示。供应链既是供应链融资业务的载体，又是供应链融资模式下治理机制的前提。供应链复杂性的发展趋势是大多数供应链的必然趋势，而网络能力提升又是对中小企业发展关系网络运作效率的重要方式。在复杂供应链发展趋势下，网络能力对关系资本的转化效率是否会起到不同效果？其是否会在供应链趋于复杂化时对企业关系资本转化变得更加重要？这些问题尚待学界进一步展开研究。因此，基于供应链复杂性视角下，本书还通过实证研究，进一步挖掘其对网络能力的三阶调节效应，以更加清晰地揭示并明确在当前供应链复杂化发展趋势背景下，中小企业如何通过积累关系资本、培育网络能力，实现供应链融资绩效的改善与提升。

1.3 研究目的及意义

1.3.1 研究目的

在当前市场经济仍不发达、社会信用发育程度不高、交易中存在信用缺失现象的情况下，选择合适的战略合作伙伴并与之建立长期稳固的关系有助于解决节点中小企业信用缺失等问题，同时能够避免企业间单次交易当中存在的潜在风险，从而降低交易过程当中的风险成本，使企业获得更高收益。聚焦于供应链节点中小企业的融资困境，本书基于供应链合作伙伴的特性，构建“关系识别—资本积累—绩效提升”的研究框架，结合供应链复杂化的发展趋势特征，对如何提高并确保中小企业获得较高的供应链融资绩效展开分析，并基于研究问题设置如下研究目标：

首先，通过对供应链节点中小企业与核心企业关系背景的调研，并结合当前有关供应链伙伴特性的研究成果，明确供应链伙伴间的伙伴特性内涵与概念界定，弥补现有研究对供应链伙伴特性衡量方式较为零散的缺陷，并为中小企业与核心企业构筑“软实力”提供理论支撑。

其次，探究供应链伙伴特性对供应链融资绩效影响的内在机理，通过搭建“供应链伙伴特性—关系资本—供应链融资绩效”的研究框架，挖掘伙伴选择视角下的供应链融资绩效提升路径，帮助中小企业进一步明确与核心企业较为匹配的关系属性，选择适宜的发展方向。

再次，从供应链复杂化发展趋势的背景出发，探究不同网络能力的中小企业是否存在关系资本转化效率的差异，一方面弥补了当前学术界对中小企业网络能力考虑不足的缺陷。另一方面，对网络能力的调节效应检验，还能够为中小企业的能力培育在资本与融资绩效间转化效率的研究成果提供一定理论指导。

最后，结合供应链复杂性的定量研究成果，将其视为情境变量展开相关实证研究，进而对其作用于供应链融资绩效提升与网络能力提升间的高阶调节效应展开分析，为中小企业在当前供应链复杂化发展趋势背景下改善供应链融资绩效提供理论依据。

1.3.2 研究意义

（1）理论意义

本书从网络能力提升与供应链复杂化发展趋势的视角入手，通过对供应链节点企业间的伙伴特性挖掘，构建“供应链伙伴特性—关系资本—供应链融资绩效”的作用链条，通过翔实的实证分析，验证供应链伙伴特性、关系资本对供应链融资绩效的作用。同时，考虑到关系资本转化的边界条件，从中小企业能力培育的视角出发，结合供应链复杂性的网络环境背景，综合验证网络能力、供应链复杂性对于关系资本与供应链融资绩效间的二阶、三阶调节效应。本书不仅丰富了供应链伙伴特性与供应链融资绩效间关系的研究框架，而且从复杂供应链情境出发，探究中小企业网络能力提升的必要性，对中小企业解决融资困境更具理论指导意义。本书的理论意义，主要体现在以下两个方面。

①丰富了供应链融资绩效前置因素研究的理论框架体系。当前，对供应链融资绩效提升方式的挖掘，多从网络嵌入性与企业能力提升的直接作用效果出发，形成了一种将企业能力和网络嵌入相结合的研究范式。但本书从供应链的视角，对合作伙伴的选择、合作关系的形成与供应链融资绩效提升间的关系展开探讨，能更好地解释企业如何兼顾优势挖掘和融资获取的双元行为方式。同时，本书还关注到关系资本转化的边界条件，验证网络能力提升对于关系资本转化为融资绩效的调节效应，亦是对当前企业能力培育进而实现融资绩效提升研究视角与理论成果的扩充。

②将供应链复杂性纳入研究，拓宽了供应链关系管理与能力提升的应用场景。本书将资源基础观与能力观相结合，引入供应链复杂性的定

量研究指标，并将其拓展到中小企业供应链融资绩效提升机理的实证研究框架当中，指出供应链复杂性的提升将会对关系资本转化为融资绩效的路径产生影响。纵观已有关于供应链融资绩效的研究，大多忽略了供应链复杂性对于企业供应链融资业务的影响，对通过供应链金融业务改善企业融资约束的研究还集中于资源基础观理论研究的范畴当中，较少兼顾到供应链发展的现实情况对供应链融资绩效的影响机理。本研究弥补了上述研究的不足，对于中小企业面临越来越复杂的网络环境，并在其中缓解融资需求、获取竞争优势的路径探索具有较高的理论价值与研究意义。本书对这些问题的探讨，将进一步回答“企业处于复杂的供应链网络当中，该如何提升其供应链融资绩效”这一问题，对于改善中小企业融资困境、提升供应链金融业务运作效率等方面具有积极的理论意义。

（2）现实意义

本书的现实意义可总结为以下三个方面：

①通过对供应链伙伴特性、关系资本对供应链融资影响的结构方程模型的构建与验证，可以为中小企业形成与核心企业相匹配的伙伴特性提供借鉴。不同的核心企业在选择合作伙伴时，会基于自身的发展目标、人文文化、资源缺失等，对合作伙伴进行筛选，从而找到当下最适合的中小企业展开合作。通过对供应链伙伴特性的认识与辨别，中小企业可以根据核心企业的伙伴选择特征，对自身发展战略进行调整，以匹配核心企业的发展需求，从而获得核心企业的青睐，形成稳定的合作关系，这就为中小企业提升供应链融资绩效，解决融资困境提供了实践指导。

②对中小企业网络能力构建与提升具有一定启示。网络能力的构建与提升一直以来是实践界关注的焦点，本书以供应链当中的中小企业为研究对象，通过调研其与供应链当中的合作关系，对具有不同网络能力的中小企业的关系资本转化效率展开研究，并指出，关系资本仅是一个企业拥有的资源，如何将资源很好地应用与转化取决于网络能力的提升。因而，本研究结论能够为指导中小企业构建并提升自身网络能力，以更好地为实现资源转化提供帮助。

③为中小企业应对供应链复杂化发展现实提供一些可借鉴的思考方向。在我国，供应链金融业务已初具规模，业务主导者也不再局限于银行等金融机构，供应链当中的核心企业和第三方物流企业也积极加入供应链金融业务的运作当中。需要明确的是，伴随着供应链网络的复杂化发展，中小企业获取供应链融资，并有效提高融资绩效，也势必面临着更多挑战。本书基于供应链复杂性展开情境研究，不仅对网络能力的边界效益进行实证研究，还进一步拓宽了网络能力的实证研究视角。这样的研究更加贴近当前供应链的发展现状，能够为中小企业在面临供应链复杂化发展的背景当中寻求合作机会，提升融资绩效提供一定借鉴。

1.4 研究内容与思路

1.4.1 研究内容

第1章 绪论。本章基于研究涉及问题的实践与理论背景，提出本书所需开展的重点研究问题，明确研究目的和意义，并对研究内容、方法和研究的技术路线进行阐述。

第2章 理论基础与文献综述。首先，对本研究设计的研究范畴和要素进行界定，从供应链伙伴特性、关系资本、供应链融资和网络能力等四个方面出发，分别基于这四方面内容，归纳理论支撑，并对现有国内外文献进行归纳与总结，发现现有研究的不足并挖掘出待解决的问题。

第3章 研究情境与理论分析。主要对文章的研究情境与理论模型搭建进行介绍。首先，对本书设定的研究情境进行解说，并分析说明研究的科学问题所在，阐明论文的逻辑思路。其次，针对本书所涉及的理论内容，分别论述研究开展的基础思路所在，将各变量之间的逻辑关系进行详细分析，厘清论文的研究内容，并初步构建本书的研究理论框架图。

第 4 章 研究变量界定与假设提出。首先，对研究涉及的多个变量进行界定，明确研究要素涵盖的维度。同时，围绕研究初步设计的理论框架，梳理现有研究成果，提出研究假设。具体地，本研究提出的假设命题包括：供应链伙伴特性对供应链融资绩效的研究假说，供应链伙伴特性对关系资本的研究假说，关系资本对供应链融资绩效的研究假说，网络能力的二阶调节效应假说，以及供应链复杂性的二阶、三阶调节效应研究假说，以此为后续实证研究奠定理论基础。

第 5 章 研究设计。首先，在研究假设提出的基础上，本章将主要阐述研究问卷的设计流程、问卷的发放原则与过程；其次，基于本书研究假设命题与理论框架提出的相关问题，参考当前学术界的研究成果，对本研究涉及的变量量表进行设计；最后，还对后续将要展开的实证研究方法进行详细介绍，以明确本研究选用的方法是适合理论探索需求。

第 6 章 模型假说检验。在问卷调研、获取的基础上，本章首先对研究样本进行基础描述性统计，并通过相关性分析明确变量间存在的潜在关系；其次，合理应用统计学软件，对供应链伙伴特性、关系资本、供应链融资绩效、网络能力以及供应链复杂性的相关量表进行信度与效度检验；最后，构建结构方程模型，利用 AMOS 24.0、SPSS 20.0 等统计软件对本研究获取的调研数据进行实证分析，并在最后基于检验结果撰写并形成本书的研究结论。

第 7 章 结论与展望。一方面，基于现有研究成果，从理论和实践两个视角入手，为中小企业提供一些发展与管理建议。另一方面，基于研究结论，指出当前研究的不足和未来需要进一步展开研究的方向。

1.4.2 研究思路

伴随着大宗商品、人力及原材料价格的持续上涨，我国企业，尤其是中小企业面临的资金压力日趋加剧。在供应链中，这些压力反映为核心企业对上游企业推迟付款、对下游企业压货，从而降低自身的运营成本。在多方压力下，导致中小企业的财务成本不断上升，融资需求相应也逐步上升。但是，由于中小企业自身规模限制，同时缺乏足够的硬实力，时常难以获得资金支持，在企业面临资金困难时，经常会由于资金链断裂导致破产。

供应链金融（Supply Chain Finance）的出现为中小企业缓解融资困境提供了新的思路和渠道。与传统金融业务有所区别：供应链金融业务不是以固定资产作为抵押物，而是基于供应链核心企业的信用及其对合作伙伴的评价，以应收账款、存货为抵押，以核心企业的信用作为担保，从而使这些中小企业获得所需资金。这一融资方式主要是一种捆绑式整体授信，中小企业本身的"硬资产"并不是融资获得的唯一评价标准。因而，在我国中小企业普遍存在"融资难、融资贵"问题的背景下，供应链金融业务在我国得到了较好应用。但伴随着企业间协同合作，生产分工越来越细致，供应链上的复杂程度越来越高，且在复杂供应链中，企业间的合作保有纵向、横向双重发展的特征。因而，供应链节点企业为了能够获取更多竞争优势，其自身能力的提升也备受理论界与实践界的关注。

目前，学术界对供应链融资的研究大多是基于供应链金融业务运作模式、融资风险等方面内容的探索，对供应链融资绩效提升路径的研究，大多从企业网络嵌入性、合作能力、创新提升等几个较为零散的变量出发进行探讨。着眼于供应链复杂化发展趋势，关注网络能力提升对关系资本转化，进而作用于供应链融资绩效提升路径的研究仍较为少见，应用理论交叉，结合供应链复杂化发展这一现实背景考虑并将其作为情境变量，探讨供应链复杂程度的增加对于关系资本转化为融资绩效效率的成果更是少之又少。本书正是基于这一研究"留白"，从供应链的视角出发，一方面通过搭建"关系识别—资本积累—融资绩效提升"的理论模型，探讨供应链伙伴特性、关系资本对供应链融资绩效的影响，另一方面，还基于供应链的复杂化发展趋势，尝试探索中小企业网络能力在"供应链伙伴特性—关系资本—供应链融资"链条中的调节效应，以及供应链复杂性的多种调节效应，以期理论结合实践，为中小企业应用供应链金融业务缓解融资困境提供更贴近于实际的理论指导。

具体地，本书的研究思路如图 1－1 所示。

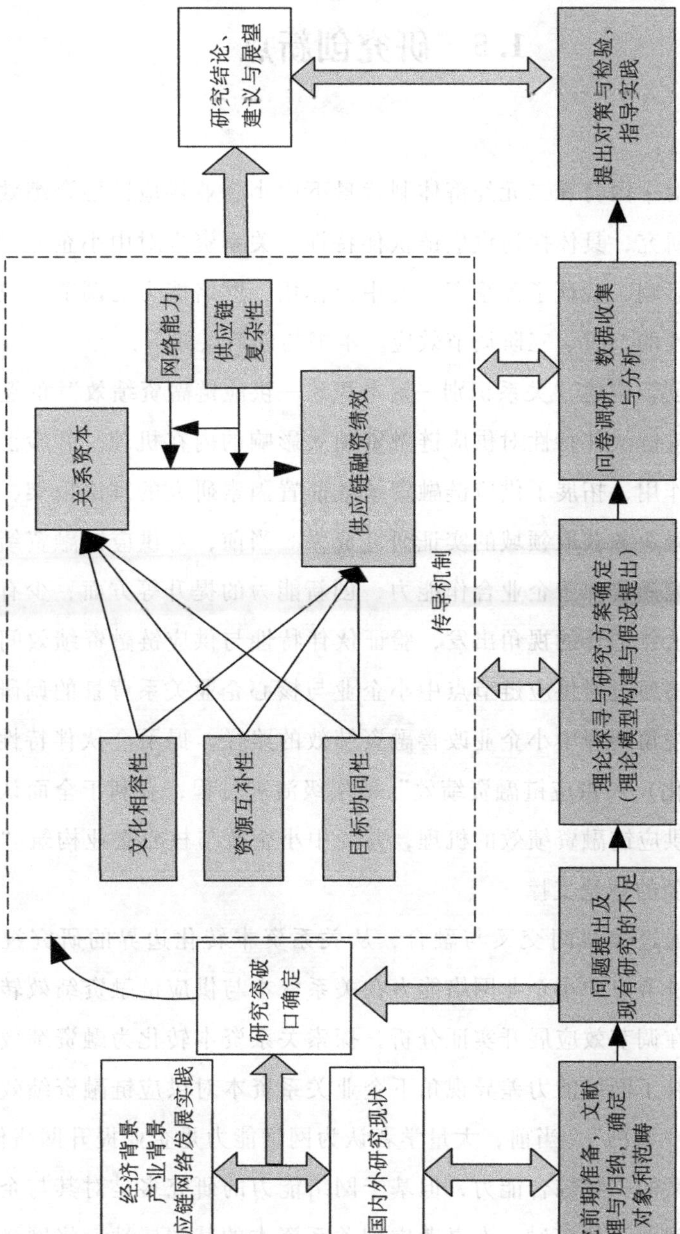

图 1-1 研究思路

Fig. 1-1 Research Ideas

1.5 研究创新点

本书针对中国特殊二元经济体制背景下中小企业供应链融资绩效的提升路径展开研究，具体探讨供应链伙伴特性、关系资本对中小企业供应链融资绩效的影响，验证了关系资本的中介作用、网络能力的调节效应以及供应链复杂性的二阶、三阶调节效应。本书的创新点如下：

其一，创新构建“关系识别—资本积累—供应链融资绩效”的逻辑链条，探究供应链伙伴特性对供应链融资绩效影响的内在机理，并验证关系资本的中介作用，拓展了供应链融资绩效前置因素研究的理论框架，丰富了供应链金融业务获取领域的实证研究成果。当前，对供应链融资绩效的影响因素研究尚集中于企业合作能力、创新能力的提升等方面，少有研究从核心企业伙伴选择的视角出发，验证伙伴特性与供应链融资绩效间的作用机理。本书通过对供应链节点中小企业与核心企业关系背景的调研，从伙伴关系的视角阐释中小企业改善融资绩效的路径，揭示“伙伴特性—关系资本（转化）—供应链融资绩效”的层级演进过程，有利于全面认识中小企业提升供应链融资绩效的机理，并为中小企业与核心企业构筑“软实力”提供创新的理论支撑。

其二，通过学科间交叉与融合，从关系资本转化边界的研究视角出发，对供应链节点中小企业网络能力在关系资本与供应链融资绩效转化链条当中的潜在调节效应展开实证分析，探索关系资本转化为融资绩效的边界条件，弥补了网络能力差异视角下企业关系资本对供应链融资绩效调节作用的研究“留白”。当前，大量学者认为网络能力是企业提升网络位置、配置网络关系的一种综合能力，但基于网络能力的研究多是对其与企业创新绩效提升间关系的探讨。本书考虑到关系资本的基本属性，将网络能力视为调节变量并纳入研究范畴，挖掘关系资本转化为融资效率的边界条件。这样做不仅是对已有供应链融资绩效提升机理中未能解释网络能力在关系资本转化过程中起到作用的补充性研究，还弥补了当前对中小企业网络能力与企业融资关系考虑不足的缺陷，丰富了中小企业网络能力培育方面的相关研究成果。

其二，综合当前供应链复杂化发展的趋势，将供应链复杂性视为关系资本与供应链融资绩效关系间的二阶调节变量，通过构建多群组结构方程模型验证供应链复杂性的潜在调节效应。本书不仅拓展了基于供应链复杂性构建的定量研究框架，将供应链复杂性作为情境变量的研究，还为关系资本提升融资绩效的环境变量研究提供了一定借鉴。当前，学术界对供应链复杂性的定量研究已逐步开展，供应链复杂性对企业信息整合、内外部学习能力的负效应已被学术界提出并验证，但将其嵌入供应链金融业务的研究成果尚少。借鉴当前学者们对供应链复杂性的定义及指标设计，本书着重考察供应链复杂化发展的环境因素，通过构建多群组结构方程模型，形成不同复杂性供应链节点中小企业群组关系资本与供应链融资绩效关系路径的对比分析。一方面从理论层面上补充了当前供应链复杂性作用于关系资本转化效率的研究成果；另一方面，为中小企业改善供应链融资绩效提供了方向性的指导，是对已有供应链融资绩效研究成果中未能解释的供应链结构变化对供应链融资绩效改善作用效果的补充与完善。

其四，分析供应链复杂性对网络能力调节效应的差异化作用，深入挖掘供应链复杂化发展对网络能力对中小企业供应链融资绩效作用机理的影响，拓展了以外部环境为三阶调节变量的实证研究思路，丰富了供应链复杂性三阶调节效应检验的研究成果。当前，对调节变量的三阶调节效应研究方法初步被学者们应用于实证研究当中，将外部环境（如动态性、复杂性、不确定性）视为调节变量的研究仍集中于“二阶”调节效应分析当中。本研究基于供应链复杂性的内涵，通过构建多群组结构方程模型，对包含调节效应交互项的结构方程模型进行多次拟合，获取不同复杂性的供应链节点中小企业群组的网络能力调节效应拟合结果，聚焦关系资本分维度下的三类异质传导路径的变化情况，具体回答了供应链复杂性对网络能力三种调节效应的三阶调节机制。一方面，研究补充了中小企业网络能力开发的适用情景研究，另一方面，进一步丰富了“三阶调节变量”调节效应的定量研究成果。

本书的研究创新点归纳如表1-1所示。

表1-1 研究创新点归纳结果

Table1-1 The Induction of Research Innovation

研究贡献点	现有研究成果	本研究成果	创新方式
供应链伙伴特性与供应链融资绩效	基于伙伴特性下的单一维度或多个维度，验证其与合作绩效、创新绩效间的关系	明确供应链伙伴特性的研究要素，并构建“伙伴特性—关系资本—供应链融资绩效”的转化链条，挖掘供应链伙伴特性对中小企业供应链融资绩效的作用效果	延伸、扩展
关系资本的中介效应	从关系嵌入性角度出发，探讨关系质量、关系强度对供应链融资获取频率的直接作用	将供应链伙伴特性与关系资本串联，一方面明确关系资本对供应链融资绩效的促进作用，另一方面检验其在伙伴特性与供应链融资绩效间的中介效应	整合、延伸
网络能力的作用效果	基于网络能力的概念内涵，对其与企业创新绩效、知识获取等创新相关变量间的关系进行定性与定量研究	将网络能力作为调节变量，考虑“能力”的特质，对其作用于关系资本与供应链融资绩效间的调节效应展开实证检验	扩展、探索
供应链复杂性的定量研究	供应链复杂性对信息整合、知识学习等方面的负效应	将供应链复杂性作为情境变量，验证其对于网络能力的三阶调节效应	探索、延伸

1.6 技术路线与研究方法

1.6.1 技术路线

本书遵循“发现问题—分析问题—解决问题”的研究思路，通过对供应链融资业务的了解及国内外现有研究的分析，发现供应链伙伴特性能够通过中小企业积累的关系资本，进而对其获得的供应链融资绩效产生直接或间接的影响。同时，由于现代化供应链趋于复杂化发展，因而供应链内中小企业积累的关系资本，会由于网络能力的差异而不同，其获得供应链融资绩效也会因此有所差异。

基于此，提出本书的理论模型与研究假设，并以实证研究作为主要方法，通过问卷调研对数据进行收集与分析，验证本书的理论模型与研究假设，最后基于以上分析，为中小企业提出缓解融资困境的多条对策与建议。具体见图 1－2。

1.6.2 研究方法

(1) 规范分析法

本研究结合关系观、资源基础观、期望—价值理论等多个理论，具体分析供应链伙伴特性、关系资本对供应链融资绩效的影响；通过明确研究当中提出的各变量内涵，对变量的维度进行清晰界定与划分，并在此基础之上，搭建起网络能力的调节效应模型，以及基于供应链复杂性的多群组结构方程模型。基于规范分析法，综合提出多个研究假设，全面验证供应链复杂化发展的过程中，供应链伙伴特性、关系资本对于供应链融资绩效的作用机理，以及网络能力在其中起到的调节效应。

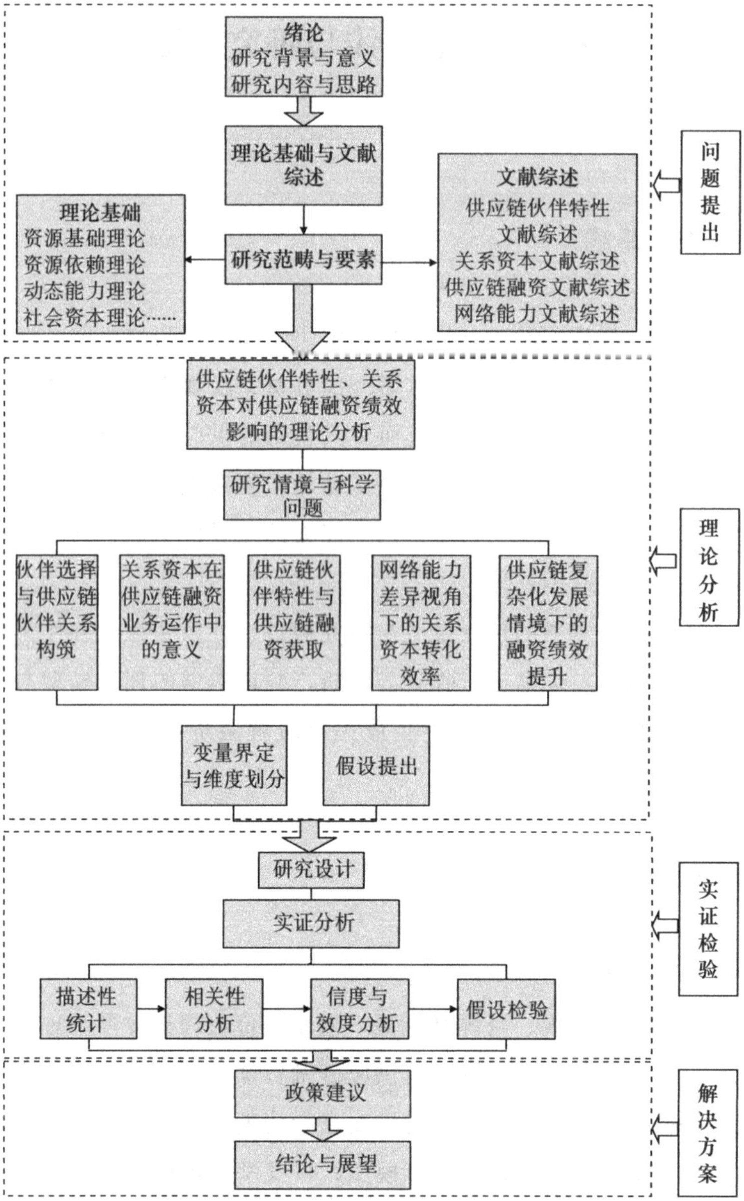

图 1-2　技术路线

Fig. 1-2　Project Technical Route

(2) 文献分析法

本研究通过在国内外学术研究数据库对研究涉及的关键词进行搜索，积累大量文献，应用规范分析法进行相关研究。具体地，本研究基于文献分析展开的工作包括以下几方面：首先，本研究从供应链伙伴识别的视角出发，探求供应链伙伴间的特性包括哪些，从中对供应链上的核心企业与中小企业间的伙伴特性进行总结，明确伙伴特性的内涵与维度划分；其次，通过研读社会资本理论，挖掘关系资本的理论内涵与概念延伸，并对关系资本的作用与价值实现进行解析，以进一步挖掘其在供应链伙伴选择与供应链融资绩效间可能存在的理论意义；再次，基于能力观，对企业竞争优势的获取进行解剖，并进一步总结当前学术界关于网络能力的研究成果，明确网络能力存在于关系资本转化当中的边界条件；最后，从交叉学科研究的视角出发，对供应链复杂性的发展趋势进行归纳，总结并锁定现有研究中存在的不足，以此明确本书研究的视角与切入点，进而探讨供应链复杂性提升对于关系资本和供应链融资绩效间作用关系的影响，并解锁网络能力提升在上述作用机理当中存在的积极意义。

(3) 实证研究

首先，本研究对供应链伙伴特性、关系资本、供应链融资绩效、网络能力及供应链复杂性等方面内容的相关研究成果进行梳理并构建测度量表，在此基础上，通过征求供应链管理、企业管理、网络关系治理等方面的专家和经营者意见，结合小样本调研分析，形成本研究的最终问卷。其次，大规模发放问卷并获取研究所需数据，基于多个统计学软件展开的信度、效度以及结构方程模型拟合分析，形成本研究的实证研究结论。

2 理论基础与文献综述

2.1 研究范畴界定

供应链是现代物流发展的高阶产物，同时不同的发展阶段存在着不同的供应链运作模式[19]。一个完整的供应链包含供应、制造、分销、零售以及最终客户等多个参与者，运输、仓储、采购和配送等多个环节涵盖其中，进而形成了物流、资金流和信息流等多个流体要素。而供应链网络，则是多个单一供应链交错形成的高阶产物。在网络当中，网络优势的实现体现为节点企业的价值整体提升。理论界经常用网络化、资源聚集流通等概念诠释供应链网络。

从供应链管理的视角来衡量供应链时，更强调计划、组织和供应链的控制。随着供应链网络价值践行的不断推进，围绕供应链网络开展的研究也逐渐被学者们关注。其中，对于供应链的内涵、要素的讨论成为明确供应链网络关系形成的最初领域。在主体上，学界一般以供应链上的核心企业为主导，探讨供应链内信息流、物流、资金流的流向，其中，供需链、产业链、价值链、生态链既有共同点，亦有不同点。当前，从核心角度出发探讨供应链的核心内容，是学术界较为常用的衡量方式。具体地，从核心企业的角度审视供应链时，一般而言可以将供应链视为以核心企业为主导，通过供应链上的契约关系形成，基于各内外部资金流、信息流和物流的联系，由多个上下游企业围绕核心企业构成的网链结构，包含采购、生产、分销、仓储、配送及回收等功能环节。在供应链中，各节点企业在合作中相互协作，根据核心企业的位置和属性不同，供应链网络的结构也会有所差异，进而形成正向或反向的信息流传递。

除此之外，基于供应链网络功能、优势的来源亦成为学界关注的另一个焦点问题，由于供应链网络存在的本质在于聚集外部资源，并将其转化为内部可利用资源，是企业间资源、信息、资金流动的重要载体[20]。与此同时，基于供应链内涵、供应链网络功能发展起来的供应链金融业务研究引起了实务界与理论界的关注（见图2-1）。该业务是对供应链上的资金流、物流和信息流、贸易流的综合控制，与传统的信贷服务不同，供应链金融业务的运作主要针对供应链内的多个交易主体展开，目的在于缓解供应链上有资金需求企业的融资困境，进而促使供应链整体的运作效率得到提升[21]。基于供应链网络当中核心企业的定位可以总结为，核心企业在供应链金融业务运作当中主要起到以下两方面作用：一是利用自身信用辐射中小企业，从而使中小企业提升自己的信用等级；二是以自身的应付账款作为质押，有效缩短中小企业的应收账款周转天数。通过建立基于供应链网络的伙伴关系，企业能够实现资源与信息的共享与协作共赢，而供应链

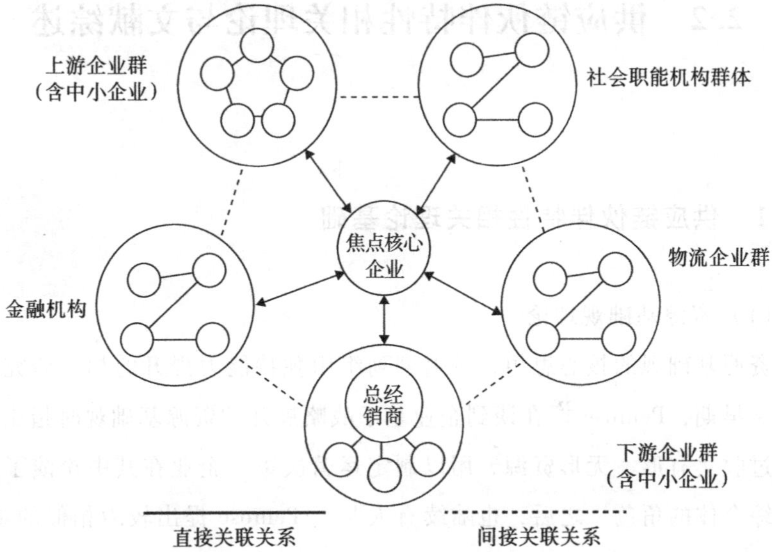

图2-1 基于供应链网络视角下的供应链金融业务运作关系网

Fig. 2-1 Supply chain financial business operation network from the perspective of supply chain network

网络的运行则成为供应链网络成员关系资本形成与积累的“过程”，供应链金融业务则可视为基于供应链网络运作的“成果”。

鉴于此，本研究在充分借鉴已有基于供应链网络以及供应链金融的相关研究成果基础上，结合本研究设定的目标，承接前人的研究成果，兼顾基于供应链金融业务形成的关系网络，从焦点核心企业的视角出发，对研究主体进行界定，并指出：所谓供应链网络，是基于核心企业为主导地位的，通过与上下游供应商、客户形成契约关系组织生产、流通，从而将产品/服务提供给最终用户的网络状组织结构。与此同时，需要强调的是，当前市场经济发展中涉及的供应链并不是单独存在的，而是由若干条相互关联的供应链缔结形成的供应链网络，在网络当中，多条供应链当中的成员存在关系交互，一条供应链上的成员关系亦会受到其他链条节点企业的影响，因而基于供应链网络运行的供应链金融业务也面临着更多挑战，需要展开更多基于实践的理论研究，这也正是本研究发现问题的起点。

2.2 供应链伙伴特性相关理论与文献综述

2.2.1 供应链伙伴特性相关理论基础

(1) 资源基础观理论

资源基础观的核心思想，可追溯到组织独特能力提升的相关研究成果当中。早期，Penrose[22]在谈到企业基于战略展开的资源基础观时指出，企业通过收集有形、无形资源，用以制定运营决策，企业在其中扮演了一种资源综合体的角色。之后，也陆续有人基于 Penrose 提出较为相似的观点，一直到 Wernerfelt[23]提出“企业资源基础理论”一词之后，学界才将“资源基础”的概念明确用于研究企业经营发展中，并强调，企业的基础理论重点在于强调企业的资源专属性，这种资源专属性使企业能够形成资源定位障碍，进而导致企业外部的竞争者很难进入企业当前的合作网络当中，体现了该企业独特竞争优势所在。资源基础观源于竞争优势理论，于20世纪80年代得到迅速发展，企业的资源观假定企业是资源的集合体，但是资源观仍然存在两种不同学派：弱势模型和强势模型。弱势模型主要假定资源具备异质性，而强势模型则主要假定资源的特质性。这两个模型的差别在于对资源性质的归纳不同，弱势模型主要关注企业的资产是如何转化为专用资产，进而为企业创造新的租金；而强势模型则主要解释企业如何通过资源异质性的价值创造为企业创造市场价值。尽管两种资源基础学派存在很多不同，但可以明确的是，资源基础观均从本质上明确了资源能够为企业创造价值和财富的功能。

基于资源基础观理论，企业可以通过对资源进行价值识别和判断，从而对异质性资源进行取舍。之后，企业还需要了解通过何种方式获取这些异质性资源，企业的竞争优势来源于这些能够为企业创造价值的异质性资源，当企业能够以低于该资源在企业边际生产率当中的价值购买到这种资源，此时就可以创造出李嘉图租金，这也是企业通过合适途径形成异质性资源，进而获得租金收入的过程。总体来说，资源基础观为企业通过价值创造进而获取竞争优势提供支撑，企业通过形成不易被复制的异质资源，进而组织了竞争者入侵，确保企业一直处于不败地位。当前，基于资源基础观，学术界延伸探索了大量成果，为企业竞争优势的获取提供依据，同时，企业通过资源获取进而提升绩效的研究成果也已被大量学者验证，这些成果为进一步探讨何种资源更有利于企业发展提供了丰富的基础。

（2）资源依赖理论

同资源基础观，资源依赖理论（RDT）同样阐释了资源对企业的重要作用。但是，资源依赖理论更关注企业对于外部环境资源的依赖性，并明确企业需要和外部环境相互依存：一方面企业依赖于外部资源的获取，另一方面还要适当减少对外部资源的依赖程度[24]。组织与环境之间相互依赖关系的建立是资源依赖理论的核心内容。其明确了企业建立、维持资源互补联盟关系的重要性。基于资源依赖理论，组织一方面可以通过应用不同的战略适应外部环境的变化；另一方面，还可以通过参与环境变化，进而实现自身目标[25]。即使是在相同的外部环境当中，企业不同的战略和应对外部环境变化的不同策略，会产生对环境不同的理解，这就是环境的“塑造观”。

组织和环境间相互依赖的关系是企业资源依赖理论的核心内容[26]。综上所述，资源依赖理论为企业适应外部环境，进而获取竞争优势提供了研究基础：一方面，组织依赖理论明确了外部环境不确定性和内部资源缺乏影响了组织发展，此时，组织只有对外部资源进行识别、获取、配置，并进一步利用，才能够在不确定的环境当中获取竞争优势。另一方面，资源依赖理论指出，组织对资源识别和利用能力的不同，会导致组织存在不同的竞争优势和特征，其对稀缺资源的获取也决定了企业的市场地位，从而使企业获取更多收益。基于此，组织的资源获取能力会长久地影响组织的竞争优势，因而，资源依赖理论的提出也为企业挖掘自身的核心能力以适应环境变化，进而获取竞争优势提供了一定指导。

（3）期望—价值理论

2000 年 Wigfield 和 Eccles[27]提出了期望—价值理论（Expectancy - Value）。该理论主要对人的行为选择进行研究，明确了目标期望实现的可能性以及目标的价值两方面内容。所谓“期望”，其本质就在于想要实现尚未完成的目标。对“期望”的考量将会对个体行为的选择产生影响，个体则将通过对目标的判断进而作出选择，并采取一系列为达成目标而采取行动。期望—价值理论的假设为：人们是否会选择做某件事情，或者从事某个活动，这一行动的准则就在于其对所达成目标的可能性大小的判断，以及实现目标过程中所能获得的价值评估[28]。因而，目标实施的价值对目标实施主体越有吸引力，则实施者达成目标的可能性就越大。

基于期望—价值理论，可以总结出个人/组织对成功期望的几个因素：一是追求成功的动机；二是任务的难度；三是成功实现目标的预期；四是目标的相对价值。当前，期望价值理论在个人或组织的行动选择中的应用得到了很多实证研究的验证[29]。例如，在校学生对一个学科的价值判断、成绩预期共同决定了他们对于该门课程学习投入和坚持的程度，对这个学科的期望和价值认同越高，学生就越愿意付出更多努力。又例如，求职者对于工作的期望以及对职业的价值取向共同决定了其自身实现事业理想的水平设定以及该求职者的职业选择。对于组织来说，其愿意行动也是基于组织对目标成功的期望，通过评估实现目标的各个因素后，再对组织的发展战略进行调整。

总的来说，个人或组织对于目标的追求，能够影响其幸福感的获取、价值判断准则和行为表现等内容。因而，决定目标追求的动机和作用机制一直被学术界看作是一项有趣的研究。框架效应指出，当个体或组织在进行选择时，不仅会考虑其自身目标选项等因素，同时也会将其他因素考虑在目标实施的过程当中[30]。因而，当一种选择优于其他的选择时，做决策的个体或组织将选择拥有最高价值的那个，即“效用最大化”。同样的，组织在采取目标一致性行动或是背离时，其本质在于对这两种目标的价值判断。

2.2.2 供应链伙伴特性的成因与维度划分

选择合适的合作伙伴是企业交易得以顺利开展的基础。一般而言，企业间伙伴特性是企业选择合作伙伴的参考因素，这一系列伙伴特性形成动机分为五个主要类别：一是交易成本动机；二是企业间的资源互补能力；三是企业在本行业当中的战略能力；四是学习能力；五是企业对风险管理的灵活性等。有时这些动因是重叠的，但总体都是为了使企业间形成稳定的合作而不断延伸的[31]。当前，学术界对于伙伴特性的大量研究成果来源于企业战略联盟建立当中的理论总结，有时还应用合作伙伴间的匹配性来衡量伙伴特性。关于联盟间伙伴特性的成因，Swoboda 等[32]以德国的国际中小企业联盟为研究样本，通过研究发现，联盟建立前期的伙伴选择问题将会对伙伴间的结构匹配、战略匹配以及文化匹配等方面产生副作用，在联盟建立时设立的协议和谈判将会对伙伴间文化的匹配性产生负效应。Mitsuhashi 和 Greve[33]基于匹配理论对全球班轮航运业的跨组织联盟形成动机展开分析，并将联盟形成的动因归结于存在两类可观察的动因：一是考察市场资源、生产和服务方面的易于观察的因素；二是重点考察企业间能力、技术和知识等方面难以观测的因素间的匹配程度。总的来看，企业间合作的动因不外乎是降低交易成本，以促进企业获取缺乏的资源，从而形成竞争优势。无论是在战略联盟当中，还是在供应链当中，企业间的伙伴特性均侧面反映了企业间的匹配性程度，体现了伙伴选择的要素构成，这些要素的匹配程度将对合作伙伴共同目标的实现至关重要。

供应链伙伴特性能够体现合作伙伴间构成的基本元素，具体包括统计变量、组织记忆和组织文化三部分，其中，组织变量包括企业规模、位置和行业等方面的内容，组织文化是嵌入企业当中的一种反应，组织记忆则是组织能够记住已离开员工以及新入职员工从之前组织中带来的行为。Brouthers[34]较早明确了联盟伙伴选择的四个标准，包括互补的技能、兼容的目标、相容的文化和相当的风险。这些标准均体现了联盟当中伙伴间具备的属性，即“伙伴特性”。伙伴特性是企业在选择合作伙伴时对于匹配程度分析的一种组织间高层次特征，是企业间合作关系稳定发展的根源所在[35]。当前，学术界对供应链伙伴特性层次划分的研究较为零散，尤其是对于供应链伙伴特性的划分方式，不同学者提出了各自的观点。国外学者对伙伴特性的划分，着重于对兼容性和互补性两方面的探讨。例如，Sarkar等[36]将联盟间的伙伴特性划分为资源互补性、文化与运作的兼容性，对伙伴特性与联盟绩效间的关系展开研究；Iyer[37]认为可以用组织统计变量、组织文化和组织记忆衡量供应链伙伴特性；Frank等[38]则直接用“互补性”和“相似性”来判断伙伴间的关系特性；Shyh[39]认为伙伴特性可以分为两方面，一是目标、企业文化和运作模式上的兼容性，二是资源、技术上的互补性。相较于国外学者来说，我国学者基于组织间伙伴特性的划分则涉及更多细节描述。例如，叶飞和徐学军[40]利用企业文化相似性、资源互补性、经营目标一致性和运营协调性来衡量伙伴特性；赵岑[41]认为，供应链伙伴特性包含资源互补度、战略目标相容度、文化系统程度、联盟间的联系度等方面内容；王萧萧[42]认为，协同创新联盟间伙伴特性的维度包括目标相容、优势互补和组织声誉。

学者们对伙伴特性的划分方式虽不相同，但综合来看，供应链伙伴特性大致包括两个方面，即“互补性”与“兼容性”。其中，互补性体现在组织间的资源、环境、技术等方面优势的互补程度，而兼容性则主要反映在组织间文化、战略目标、运营等方面[43]。总结学者们对于供应链上合作伙伴关系间关系属性的研究成果发现，作为供应链上的中小企业，其与供应链上核心企业间的属性主要可以从文化、经营目标与资源（包括能力）等方面的协调与互补出发进行衡量，基于此，本研究主要从资源互补性、文化相容性及目标协同性三方面入手，将其作为衡量供应链伙伴特性的标准展开相应研究。

2.2.3 供应链伙伴特性对合作关系的影响

作为伙伴合作的基础属性，针对供应链各节点合作企业间伙伴特性的研究一直被供应链管理理论持续关注。大量学者基于不同的视角，验证了组织间的伙伴特性（匹配性）在促进合作关系质量（绩效）、联合创新绩效等方面发挥的不可缺少的作用。综合当前学者的研究成果，可归结于以下几类研究：

其一，通过对伙伴特性的维度划分，基于不同的对象研究并验证伙伴特性对企业间合作质量（绩效）的促进作用。具体地，大量学者从供应链伙伴特性与合作绩效、信息共享等与企业间合作的关系展开研究。例如，叶飞和徐学军[40]研究指出，供应链伙伴特性能够提升企业间的信息共享水平，进而改善企业间的合作绩效。陈伟和张旭梅[44]等基于行为学视角，通过搭建“伙伴特性—关系质量—知识交易”的概念模型，验证了文化相容性、资源依赖对关系质量具有显著的正向影响。Sarkar 等[36]在研究伙伴特性对联盟绩效的影响时发现，伙伴特性对联盟绩效的促进作用大量来源于伙伴关系的传导机制，从而间接作用于企业间的联盟绩效。杨建华等[45]则从横向物流联盟的视角展开研究，以北京、广东、西安等几个地区的166家物流企业为调查对象，验证了横向物流联盟企业间的相似性维度能够正向促进企业间的关系承诺。除此之外，还有学者从伙伴特性的单一维度出发，验证其对伙伴间合作关系提升的作用效果。例如，Harrison 等[46]的研究指出，具有高度一致性企业的合作绩效远不如资源存在差异且互补的企业合作绩效。张冕等[47]研究了文化认同对社会化商务用户行为的影响，发现商务用户与某组织存在紧密的依存关系取决于用户对该组织的文化认同度。徐梦丹[43]验证了目标协同性能够促进产学研合作关系的建立，有利于实现产、学、研三方的知识共享，从而提升产学研合作绩效。武志伟等[48]将合作双方关系认知视为内外部条件的匹配程度，并将文化相容、资源互补和目标相关性作为衡量标准，验证了文化相容性对关系的持久性和公平性起到了正向促进作用，资源互补性对关系质量的多个维度（关系持久性、关系灵活性、关系强度）均产生正向促进作用，但文化相容性对关系强度具有显著的负作用。

其二，从合作创新“行为—结果”的视角出发，对供应链伙伴特性与创新行为、知识学习与合作创新绩效提升等方面的关系展开研究。例如，孙贺强[49]搭建起伙伴特性与不同学习机制的理论框架，使用嵌套式结构方程模型验证了供应链伙伴特性基于质量管理时间对不同学习方式的作用效果；王萧萧等[42]则从协同创新的视角出发，验证了供应链伙伴特性既能够对协同创新产生直接效应，还能够通过伙伴关系传导作用于企业间的协同创新。

当前，从供应链视角出发，大量研究探讨了供应链伙伴特性对于企业间合作关系、绩效和协同创新等方面的影响，也有部分研究探求伙伴特性单一维度对企业间合作关系的影响，如在探求资源互补性对企业跨国合法性、目标导向对创业学习的影响以及文化与企业创新绩效间关联机制等方面都有丰硕的成果[50-52]。还有学者指出，企业间的文化兼容是实现企业稳定合作与配合、减少合作阻力的重要因素[53]。综合现有研究成果来看，对供应链伙伴特性对企业关系资本积累的作用效果仍集中于伙伴特性各维度与关系资本各维度间的发散研究，大量成果基于伙伴特性的不同维度与关系资本的不同维度展开研究，但仍然缺乏结合供应链金融业务运作的理论研究成果。由于供应链金融业务是基于供应链伙伴间的合作形成的一种有别于传统银行信贷的金融业务，合作伙伴的相互选择与关系建立必然会对金融业务的获取与运作产生影响，但伙伴间的特性（资源互补性，文化相容性，目标协同性）到底是否会对供应链金融业务产生影响？会产生何种影响？这一系列问题尚未得到学界学者们的广泛关注，因而，有必要对此展开深入研究。

2.2.4 文献评述

目前，国内对伙伴特性的研究成果较为分散，但研究范式比较统一，大多将伙伴特性视为一个整体变量，而非简单的理论诠释，进而对伙伴特性进行维度划分，探索不同组织的伙伴特性对组织合作绩效、创新绩效的促进作用。例如，徐梦丹[43]选择以产学研组织合作为研究点，对产学研合作绩效提升当中的组织匹配性进行了相应研究，并通过研究发现组织间基于资源、目标等方面的匹配能够实现产、学、研三方的合作绩效提升。叶飞、徐学军[40]则选择以制造业供应链企业为研究对象，对供应链上的企业合作特性与伙伴关系间的关系形成进行研究，通过研究发现，供应链伙伴间的资源互补性、文化相似性能够促进企业间的信息共享。王萧萧[42]选择以“2011 计划”当中的协同创新组织为研究对象，验证了这类合作伙伴间的特性亦能够促进组织间伙伴关系、协同创新绩效。高胜[54]则选择以物流企业间的伙伴特性为研究点，通过实证研究明确了物流企业间的跨组织采纳意向也会受到伙伴特性的影响。可见，我国学者对伙伴特性作用效果的研究尚集中于合作关系维护等方面，对伙伴特性提升组织间单一业务运作绩效的研究还少之又少，因而难以指导企业辨识伙伴、明确为了实现业务运作所需的基础发展要素。

国外对伙伴特性的综合研究成果较少，大量是从伙伴特性的单一特征出发，探究资源互补、文化融合或目标协同对企业合作等方面的影响。例如，Yamin 和 Golesorkhi[55]通过对 422 家英国合资企业进行调研发现，文化距离会对国际合资企业绩效产生较大影响。Xavier 和 Edson[56]的研究发现，本土企业与外国合作者之间的文化差异较大，会容易导致企业间的合资关系发生不稳定的现象。Lavie 和 Rosenkopf[57]通过对战略联盟伙伴的创新绩效提升路径进行研究发现，联盟伙伴间存在的互补性资源能够推动联盟企业进行知识学习并提升自身的创新绩效。Kanchan[58]的研究发现，拉市市场环境下链核选择合作对象较为注重链点企业与全链的目标一致性，以实现链点间的协同发展。

共同的伙伴特性能够降低由“牛鞭效应”带来的库存积压，有效协调供应链中各成员的活动，从而提高整体供应链的反应能力，以更好地满足客户需求和客户服务水平。现有文献在考察组织间伙伴关系的特性维度时，划分标准大致可归纳总结为与任务相关的特征以及与伙伴关系相关的特征，其中，资源/能力的互补体现了与任务相关的特征，而与关系形成相关的特征则反映为包括企业目标、文化等方面的相容和协同性。同时值得注意的是，虽然关于伙伴特性作用于企业合作，推进伙伴联合创新、知识交易等方面的研究成果层出不穷，但大量研究集中于伙伴特性对企业间合作绩效的作用，将伙伴特性与供应链上具体业务运作绩效相关联的研究成果仍然较少，对于其促进供应链节点中小企业的融资绩效等方面的研究成果还较为缺乏，且针对伙伴特性分维度验证其对于关系资本积累的研究成果尚需展开更加细致的实证研究，从而为更好地解构供应链伙伴特性的培育，推动供应链伙伴间的关系维护与发展，改善供应链节点中小企业的供应链融资绩效提供理论支撑。

2.3 关系资本相关理论与文献综述

2.3.1 关系资本相关理论基础

长期以来，“资本”这个概念在经济学、管理学研究当中占据了至关重要的地位。无论是古典经济学还是制度经济学，无论是企业管理理论还是供应链管理理论，“资本”的概念渗透在各个研究领域当中。当前，学术界对组织间资本建立、关系形成的研究成果非常广泛，包括社会学、行为学、心理学甚至是生态学当中的研究都有提到“资本”这一概念，并将其应用在多个领域的研究当中，这说明，组织间关系包含多维度的内涵，需要更进一步梳理关系资本产生的理论基础。

(1) 社会资本理论

社会资本这一概念起源于社会学，具体由“资本”这一概念延伸而来。社会资本的核心内容与中心命题围绕资源的形成展开，明确了社会资本是基于人际关系网络构成的资源，随着时间的推移形成关系，进而为集体行动与合作的开展提供基础。这说明，社会当中的组织能够利用社会网络获取资源，这种资源即为“社会资本”。同时，由于社会网络的存在有利于企业间信息沟通与共享，因而，企业也可以通过社会资本积累实现信息获取并获益。

纵观国内外相关研究，大量学者从企业社会资本的自身特征层面展开研究，并将研究的焦点定位在企业社会资本本身的特征上。较早提出该观点的 Nahapiet 和 Ghoshal[59] 的研究认为，社会资本包含结构、关系、认知三个维度，此观点成为社会资本研究中的典范。其中，社会资本的关系维度即我们常说的关系资本，指的是组织通过交易关系创造的信任、认可等资产，由此解构出关系资本的概念，正是本书研究要素“关系资本”概念内涵的来源。

社会资本理论的形成与发展对于供应链管理实践起到了很好的解释，社会资本的导入对于供应链管理理论的延伸起到了重要作用。伴随着组织间社会关系的建立，企业由于拥有协同的经营愿景和共同的目标，使得企业产生了交换自身资源的意愿，从而将企业间的利益整合在一起，促进了供应链协同水平，最终达到推动供应链上的价值实现的目的[60]。在供应链情境下，大量企业都是通过资源投资形成社会资本，当形成良好的社会关系后，企业间就更容易展开合作，并形成双方的信任关系，从而有利于供应链上的资金流、信息流与物流的交换。因而，如何构建最优水平的社会资本，发挥资本在供应链上企业间合作行为当中的优势就显得至关重要。

(2) 关系观

人与人之间的相处反映了“关系”的存在，而组织间关系的联系可由“关系观”的提出获得一定延伸。关系观的提出为企业获取关键资源指明了方向。所谓“关系观”，指的是企业关系资源能够跨越企业边界，从而嵌入企业形成惯例，促使企业获得“关系租金”，进而形成竞争优势。也就是说，随着关系网络的发展，单个企业的竞争优势进一步被弱化，企业间关系的建立与发展将成为企业获取竞争优势的源头。基于企业间关系网络的建立，不仅能够获得内部租金，还可以获取一定的关系租金。其中，关系租金指代的是企业在资源交换过程中基于关系获取的超额利润，其具有“因果模糊”和“时间压缩的不经济性”两种特征，因而企业能够通过关系构建出隔离关系网络机制，从而实现关系租金的持续获取[8]。

综上所述，企业关系观体现的是基于关系网络建立的一种共同价值实现的利益机制，基于关系形成的关系租金则是关系构建与合作的结果，因而，关系观的出现与发展很好地揭示了关系资本为企业带来绩效优势的机理，为本研究后续理论框架的搭建提供了一定理论支撑。

2.3.2 关系资本的维度划分

关系资本是社会资本里“关系维”的具体体现。基于前文对关系资本的定义不难发现，关系资本强调了企业间伙伴关系的形成与发展。以往研究指出，关系资本具备外部性、主观性、网络性等多个维度的特性，因而很难从单一角度出发衡量关系资本。当前，对关系资本维度划分，学者们提出了不同观点，一方面，可以从企业层面讨论，将关系资本划分为内、外两部分进行讨论；另一方面，也可从信任、承诺、谅解、沟通与互惠等具体交易中的个人行为层面出发探讨企业间的关系属性。具体地，本书整理了当前学术界基于“关系资本”定义形成的一系列维度划分方式如表2－1所示。

表2－1　关系资本的定义和维度划分梳理

Table2－1　The Definition and Dimension of Relational Capital

作者（时间：年）	研究视角	关系资本的定义	关系资本的维度划分
Granovetter[61]（1992）	个人行为层面	人与人之间的互动与联系形成的关系	信任、可信度

续表

作者（时间：年）	研究视角	关系资本的定义	关系资本的维度划分
Cullen 等[62]（2000）	个人行为层面（关系资本的二要素理论）	未给出明确定义	信任、承诺
Kale[63]（2000）	个人行为层面	企业在互动中形成的信任、尊重或友谊的程度	信任、冲突管理、友谊和义务
陈菲琼[64]（2003）	个人行为层面	存在于联盟企业个人层次上的这种互相信任、尊重和友谊	信任、承诺、尊重、友谊
Krause 等[65]（2007）	个人行为层面	通过长期互动所形成的人际关系中双方之间信任、依赖、互惠的程度	信任、依赖和互惠
杨振宁等[66]（2013）	宏观层面	企业高层管理者的一系列强/弱关系总和	商业关系资本、政治关系资本
包凤耐[11]（2014）	个人行为层面	能为企业带来价值的，反映了企业间的资源共享程度的一类关系资源	信任、承诺、专用性投资、冲突管理、有效沟通、共同行动
郁玉兵[67]（2015）	企业层面	未给出明确定义	供应商关系资本、顾客关系资本、内部关系资本
赖珍珠[68]（2016）	个人行为层面	企业对外的社会关系、网络及蕴藏其中的各种无形资本	信任、合作、影响力、信息、声誉和机会等
顿妍妍[69]（2018）	企业层面	企业与供应商、客户间长期往来形成的信任、承诺、沟通与互惠关系	供应商关系资本、顾客关系资本、内部关系资本（下设信任、承诺、沟通与互惠关系多维度研究）

综合学者们对关系资本维度划分的若干观点，不难发现，信任、承诺和沟通是大量研究企业关系资本的学者广泛接受的维度。除此之外，尊重、友谊、专用性投资等维度也被部分学者应用到关系资本的相关研究当中。但综合来看，尊重、友谊均与信任密不可分，而互惠、冲突管理则包

含在企业沟通的过程当中，因此，本研究综合当前学者们对于关系资本的定义与维度划分，将供应链节点中小企业积累的关系资本划分为信任、承诺和沟通三个维度。通过整合企业积累的关系资本，可以达到提升与合作伙伴的合作绩效、稳定合作关系的目的。

2.3.3 关系资本积累的逻辑实现过程

通常，对于组织间的关系解释可以分为以下四个部分：一是关系形成动机；二是关系形态；三是关系目标；四是关系选择机制。其中，关系形态体现了组织间关系的存在状态，对关系形态的研究从竞争关系转为竞合关系，进而演化到对组织间关系的网络化发展探索。同时，当前社会逻辑理论为组织间关系维护提供了一定支撑，使得“组织间关系是企业竞争优势的来源”这一观点日趋被学者们所认同。

关系资本产生于企业间的互动，基础在于合作伙伴间的相互信任。为了避免合作的不确定性，企业彼此间会更愿意作出承诺，并希望尽量维持双方合作，进而推动企业间信息的交互发展。总的来说，企业间互动的结果是关系资本产生的原因，能够对合作关系的维系带来正面的影响。社会资本理论指出，认知资本和结构资本是关系资本形成的重要原因，共同的使命、价值观以及社会互动与关系资本（信任、可信程度以及认同等维度）的水平显著正相关。同时，认知资本是企业关系资本形成的重要前提，其源于企业间共同价值观的形成[15]。因而，关系资本实际来源于认知资本当中共同信念的体系建立。如果企业间的认知不同，那么互动过程中将会存在误解。总的来看，具备相同的认知和信念，合作双方才有可能产生互相信任、承诺与沟通，进而朝着共同的目标前进。

关系资本是企业无法单独创造的一种无形资产，这代表更应该注重合作伙伴间互动与感情维护[70]。杨孝海[71]指出，企业关系资本的生成要素主要有交往、信任、互惠、承诺等。由于关系资本是交易双方相互联系的一个状态，代表了企业的价值“存量”，要激活这一“存量”，还需要“流量”来维系这种动态的关系。社会化理论指出，社会化的行为能够促进员工融入组织文化与价值观当中，而且能够促进人与人之间的关系，从而形成关系资本的积累[63]。由此，可以将该理论拓展到供应链的情境之下，即，非正式社会化机制的形成。灵活的适应性、共同的目标以及应对冲突时对关系的管理等要素对关系资本的形成同样会产生促进作用。当然，关系资本仅通过交往行为不一定能够产生，其构建在于双方共同的努力，给予双方一种合作的期望，进而才能实现相互依赖。在供应链背景下，合作双方相同的目标、认知以及资源的共享与补充，将成为关系资本形成的关键。

2.3.4 关系资本的价值实现与作用效果

所谓“关系资本”，是指通过创造、利用相互的关系形成的资产。当企业首次建立关系资本时，需要有一定的初始投资。同时，为了能够更好地使用关系资本，企业还需要进行后续的投入，所有的这些投入就形成了企业关系资本的使用成本。关系资本的收益则反映在经济交易过程中对于关系资本投资后节约的运营成本当中。具体地，为了能够具体反映企业关系资本的价值，彭星闾[72]总结出一个企业单个关系资本和总关系资本的计算公式如下：

$$NPV = \sum_{t=1}^{n} \frac{R(R_t, a, t) - C(R_{t-1}, C_{t-1}, a, t) - C_1(C_t, a, t)}{(1+r)^t} - \sum_{i=1}^{n} \frac{R_t - C_t}{(1+r)^t} \tag{2-1}$$

$$TNPV = \sum_{i=1}^{k} \sum_{t=1}^{n} \frac{R_i(R_{it}, a, t) - C_i(R_{i(t-1)}, C_{i(t-1)}, a, t) - C_{1t}(C_{it}, a, t)}{(1+r)^t} - \sum_{i=1}^{k} \sum_{t=1}^{n} \frac{R_{it} - C_{it}}{(1+r)^t} \tag{2-2}$$

其中，a 代表企业间关系的紧密程度；r 代表企业的资本投入成本（假设其恒定不变）；t 代表关系持续的时长；n 代表关系的寿命长度；R_t 代表当年企业的收入；C_t 代表当年企业进行交易的成本；R（R_t，a，t）代表建立关系后，当年企业的收入；C（R_{t-1}，C_{t-1}，a，t）代表企业间的关系建立后，企业当年为了建立、维护和发展关系而投入的成本；C_1

（C_t，a，t）代表建立关系后，当年企业进行交易的成本。从上述公式可以看出，企业为关系资本进行投入就是为了获得净利润。企业通过投资关系资本获得的价值，则等于企业与利益相关者之间进行交易所获得的收入减去企业为建立、维护和发展关系而投入的资本成本。

关系资本的积累能够使企业获得一定经济效益。具体地，关系资本的作用效果可归纳为下述几方面：

第一，有利于组织间高质量信息的获取。伴随着市场发展，企业间信息飞速流转，这对企业筛选冗余、虚假信息提出了更高要求。关系资本是企业信息交互的基础资源，一旦与供应链上的其他企业建立了良好的合作关系，那么企业间就能够更加顺利地构建出高质量信息共享的机制，从而为企业获取更多优质资源提供了平台和渠道。

第二，提升企业间冲突处理的能力。由于组织在交流过程中难以避免会发生冲突，为了能够使交易持续下去，企业处理冲突的能力就显得十分重要，这一能力也会对企业间交流的成效产生影响。由于企业关系资本的积累体现了企业间的信任、承诺等因素，一旦组织间存在冲突，企业双方间的信任、承诺等因素将会削弱企业间的冲突，从而使冲突得以解决。

第三，减少了机会主义发生的概率。由于关系资本存在于关系网络中，任何违约或违背契约的行为都会暴露在其他网络成员面前，如果企业间形成了稳定的关系资本，那么他将不会轻易做出违背“规范”的行为。

第四，为企业发展提供关键资源。当关系双方存在信任、承诺和有效的沟通时，企业关系资本的积累将能够为企业带来市场、技术、资金以及人力等多个关键资源，进而为企业提供“关系型”收益。

第五，创造关系租金。经济学中提到的“租金”，指的是购买资源付出的报酬。关系资本的存在，使企业能够通过与关系人的合作，实现信息、资源或资产价值等要素的交换，在企业间长期的合作过程中形成信任，正是基于这些特殊的关系，企业的交易成本得以降低，从而实现了企业利用关系资本获取超额利润的目标，也就是所谓的“关系型租金”。因此，可以说，关系型租金在企业间的普通交易过程中是不太可能实现的。只有交易双方存在关系资本，才有可能形成关系租金。

2.3.5 文献评述

企业的关系资本不仅可以通过减少机会主义行为期望而降低交易成本，还能够实现企业间的信息共享与整合，并对战略联盟结果产生积极影响。当前，国内外学术界对关系资本的研究视角较为广泛，但尚未形成系统性的解说。早期对关系资本理论的研究可追溯至20世纪60年代，以哈里森和格兰诺维特为代表的人际关系理论学说当中，该学说重点将行动者(个人/组织）的社会情境构建在个体或组织行为的解释模型当中，以揭示关系网络的存在和重要性。随后，大量学者基于关系资本的概念内涵，形成了多方位、多视角的定性与定量研究成果。综合来看，关于关系资本的研究成果大体可总结为关系资本的直接作用和间接作用两方面。

(1）关系资本的直接作用

有研究表明，组织的关系治理机制对主体行为的作用远超过契约关系的存在。当前，大量供应链管理领域的研究人员通过研究发现，关系资本对企业绩效具有正向、显著的促进作用，具体反映为关系资本对企业经营绩效、创新绩效和财务绩效等多方面的促进。例如，Johnston 等[73]通过对供应方和买方间的信任关系进行研究，发现供应商对买方的仁慈、可靠性将有助于提升买方的满意度和绩效评价结果。Krause 等[65]研究发现，关系资本较之于质量、交付、柔性绩效等维度，对企业成本绩效的作用效果更显著。曾文杰和马士华[74]则对供应链合作关系与供应链运作绩效的关系进行研究，并验证了合作伙伴间的关系能够对供应链协同、运作绩效产生显著的促进作用。诚然，虽然关系资本对企业绩效的积极作用被大量学者所验证，但仍然有学者认为关系资本与企业绩效间的线性关系并不总是成立。例如，Koufteros 等[75]的研究就指出，长期交易关系将会使企业业务的“灵活性”受阻，因而关系资本会对企业发展有所限制，甚至有些学者指出高水平的合作关系可能会给企业带来一些潜在的负面影响[76]。

(2）关系资本的间接作用

当前，对于关系资本的间接作用效果，学术界大多关注其对组织学习和知识管理等方面起到的作用，并指出，关系资本是连接创新与组织学习的重要“桥梁”。有研究表明，关系资本是企业战略联盟实现的重要成因。其可以与组织间合作学习行为形成双向强化的作用，因而可以促进联盟企业间的合作学习，进而实现联盟绩效的整体提升。大量学者的研究也对这一观点给予了支持。例如，Chang 和 Gotcher[77]通过研究发现，在国际外包企业间的合作过程中，伙伴关系是其维护交易的重要因素。同时，作者还验证了关系资本能够促进外包企业间的关系型学习，进而提升整体的运营能力，获取综合的竞争优势。冯华和梁亮亮[78]的研究发现，关系资本能够通过信息共享能力和供应链柔性这两个中介变量，间接对供应链能力产生影响。薛卫等[79]对研发联盟的 142 家企业进行调研，通过实证研究，作者同样验证了关系资本能够通过提升组织学习，进而对研发联盟当中的企业绩效产生促进作用。除此之外，关系资本也会间接作用于企业的知识管理：郝萍[80]的研究也发现关系资本的三个维度（信任、承诺和互惠）对知识共享都具有显著的促进作用，同时能够通过推动组织间的知识共享，最终实现知识联盟当中的合作绩效提升目标。

基于上述文献的综述发现，当前学术界对关系资本的研究成果较多，不仅验证了关系资本作用于企业绩效的直接作用，还构造了多视角的研究框架，对关系资本的间接效应也展开了广泛研究。但综合来看，现有关系资本研究尚有一些问题仍需要展开进一步的探讨，具体表现在以下两个方面：

第一，供应链情境下中小企业与核心企业间形成的关系资本的结构有待进一步梳理。从当前研究来看，基于供应链视角的关系资本概念表述仍不一致，但其核心内容却是统一的。首先，关系资本的形成是企业间长期互动的结果。其次，由于供应链当中参与主体众多，企业的关系资本可以从个体、团队与企业三个层面来研究。不同层面的关系资本对企业产生的影响不同，但目前尚未有学者给出明确的回答。最后，信任、承诺以及沟通是关系资本的基本属性。

综上所述，企业关系资本的积累能够减少机会主义行为的发生，并降低企业间的监督成本，因而，能够对企业合作关系产生正向促进作用，推动企业合作关系的持续发展。但是，并非所有共享的资源都能够为供应链节点上的企业带来关系租金，尤其是对于中小企业而言，其获取的大量资源还需要与其运用这些资源的能力相匹配，但“企业具备的何种能力会开启关系资本的高效转化?”这一问题尚未被学术界开发，因而关系资本转化的边界条件还需进一步探讨与分析。

第二，诸多学者所关注的关系资本，或者供应链关系资本的作用仅仅局限于财务、运营和创新等方面，而缺乏基于供应链金融业务的相关探讨。纵观已有文献，大多研究认为关系资本积累能够促进企业间的合作绩效，但是，将其与供应链融资相结合的研究尚未被过多关注；而且，本研究基于关系资本转化设定的特殊情境，有可能会影响其转化效率，但这种研究并不多见。例如，关系资本转化为绩效有可能存在一个“最优区间”，这些“留白”的存在会导致对供应链融资业务运作机理的研究缺乏理论依据，还会形成对关系资本作用效果“大而化一”的概括与总结。基于上述几点认知，本研究认为，在厘清关系资本概念内涵与层次划分的基础上，迫切需要拓展对于关系资本转化的相关研究框架，并认真识别关系资本转化的边界条件，从而对供应链管理理论当中的相关研究给予进一步的补充与完善。

2.4 供应链融资相关理论与文献综述

2.4.1 绩效与供应链融资绩效

(1) 绩效与融资绩效

当前，学术界对“绩效”的概念界定并未形成一个较为统一的研究框架范式，究其原因，主要是不同研究对象和研究视角差异较大，导致现阶段学术界在多视角、多学科中存在不同的“绩效”衡量标准。具体地，以结果绩效和行为绩效研究学派提出的绩效衡量方式成为当前学术界的主要趋势。

对于结果绩效的衡量，当前学术界主要从结果与产出两方面内容展开研究，具体分析组织运营或行动的成果。此种衡量方式可称为基于目标导向的评价方式，早期由 Hatry 和 Wholey[81]对公共管理绩效评价得到，之后 Bemardin[82]将其拓展到更加广泛的结果导向思维当中，将“绩效”定义成组织在固定决算期内运营创造的价值评估。在此基础上，发展出以“数量”或“质量”为主导的测度方式，以及以节约、效率、公平和效果四方面为衡量标准的多种绩效衡量方式。这一系列绩效的衡量方式均在不同研究领域中得到认可，并成为当前结果绩效研究中的主流研究范式。除了结果绩效的研究以外，以 Murphy 为代表的行为绩效研究也获得了学术界的关注。与结果绩效的考量方式不同，行为绩效主要基于组织目标规划的一系列外显性活动作为评判标准，强调绩效判断的逻辑起点源于组织目标的设定，行为绩效将“行为—结果”的思想结合起来，从一个理论框架中形成“行为”和“结果”两个维度的视角，明确了目标、时间、方式、行为以及结果是绩效衡量的关键要素，并明确了绩效衡量的内容包括以什么样的目标为导向、采取什么方式以及取得何种结果等内容。

无论是以结果为直接导向的静态化标准还是结合行为的“行动—绩效”的动态化标准，每一种绩效理论都有自身在实践层面的优势。对于我国企业，尤其是本书主要研究对象“中小企业”来说，其外源性融资方式主要是从银行获取贷款。此时，对于中小企业来说，其融资绩效的衡量将主要体现在从银行获取信贷这一行为所获得的结果，结合“行为—绩效”的衡量标准，可考虑从信贷获得的时间成本、资金成本等方面出发，具体探讨资金的可得性、持续性、充足性以及成本等要素，综合评估企业这一信贷行为的“结果”[83-84]。

(2) 供应链融资绩效

供应链金融业务是对供应链内信息流、物流和资金流的协同管理，其强调从整体上提升供应链各节点企业的运作效率，因而，对供应链融资绩效的衡量不仅要考虑企业自身行为的效果，还需结合结果绩效的相关成果进行界定。当前，对于供应链融资绩效的研究成果当中，应用财务工具尝试对供应链融资绩效的定量描述是学术界较新的尝试，在这些研究成果当中，应用经济增加值 EVA 模型对供应链金融业务绩效的衡量是学术界较为认可的方式。Lambert 等[85]等认为，供应链金融业务的核心在于业务的因果关系，因而可以用物流和财务指标相结合的方式对供应链金融绩效进行衡量，其中，EVA 模型就成为学者们公认的适宜用来衡量供应链融资绩效的模型之一。不同于上述研究，Moritz[86]从供应链金融的合作领域入手对供应链融资绩效进行界定。作者指出，由于供应链融资业务是一种优化企业边界的融资方式，通过应用该业务，企业可以降低成本并加快现金流运转，最终实现营运资本效率的提升，因而，可以从企业未来导向、风险控制和市场导向三个方面出发，应用持续时间（或是融资周期）、融资总量、资本成本（或是融资费率）对供应链融资绩效进行测度。持续时间指的是资金成本占用的时间长度，当企业的供应链融资周期较长时，资金成本占用产生的风险就会增加。融资总量则指的是资金获取的额度，融资量越大，一旦供应链运行中存在一定问题，就会直接影响到供应链上的资金安全和收益。此外，融资费率则体现了企业应用一笔资金占用的代价，这一代价的确定，还要考虑各种影响供应链运营风险的存在因素。另外，宋华等[87]通过对中小企业的调研与实证研究发现，对供应链融资绩效的测度应综合考虑供应链上、下游的总体因素，通过调研发现，偿债能力问题、融资周转问题和融资盈利问题是企业获取供应链金融比较重要的因素，可反映为资本成本率、业务周期和成本盈利指数三方面[87]。结合上述研究成果，可构造出供应链金融绩效的衡量模型，如图 2－2 所示。

总体来看，上述三个指标并非相互孤立存在的，而是相互影响、互相作用的，这三者之间的优化会直接影响企业的财物价值以及供应链整体的运作质量。一般来说，供应链融资的周期越长、融资量越大，融资费率也会随之上升，这三个指标与供应链整体运营密切相关，当供应链节点企业

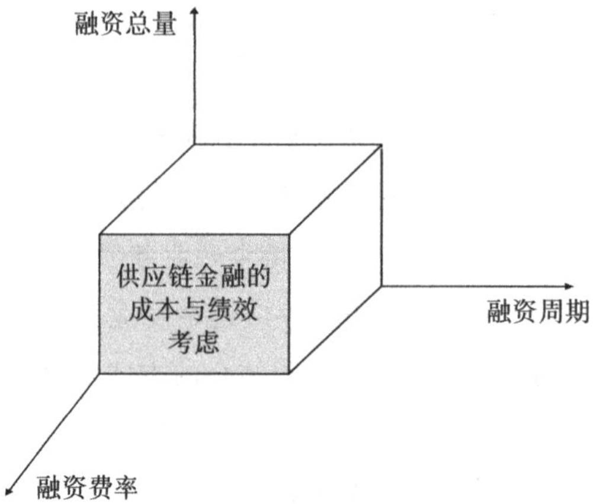

图 2-2 供应链融资绩效的衡量模型

Fig. 2-2 Measuring Criteria of Supply Chain Financing Performance

资料来源：作者对宋华[3]撰写的《供应链金融》一书总结而得。

间关系趋于稳定时，金融业务运作的费率也会相对较低；反之，如果运营当中存在较多问题，将会增加资金运作的风险，具体则会体现在融资额度的降低、融资费率的提升，以及融资还款周期的缩短等方面。以供应链参与多方间的收益作为评价标准，对供应链融资绩效的定量研究对本书具有一定的启示和引导作用。

2.4.2 核心企业在供应链金融业务运作中的作用

目前，供应链金融业务存在多种网络结构和运作模式，在不同的运作模式中，焦点核心企业会起到不同的作用。

首先，在传统的“M+1+N”供应链金融业务运作模式下（见图2-3），金融机构（以商业银行为主）可以作为金融服务的提供方，基于核心企业的信用，以及自己对供应链整体发展情况，对中小企业进行评估，为企业提供基于供应链业务运作的融资服务。在这种业务模式中，核心企业主要起到信息、信用提供方的作用，是商业银行获取贷款企业信息的主要渠道。

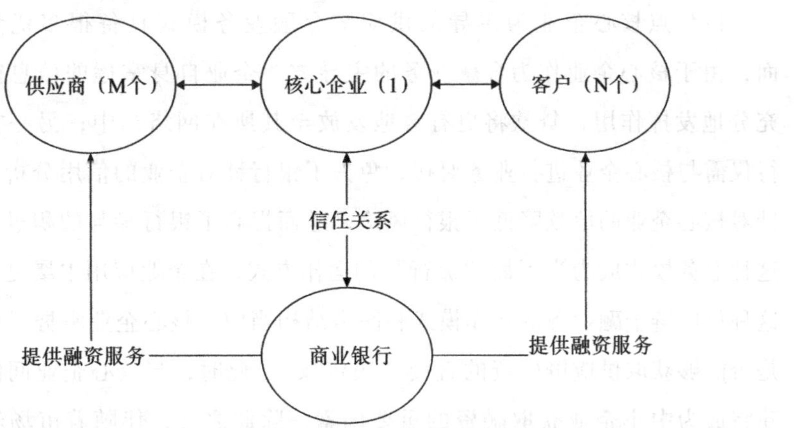

图 2-3 "M+1+N"供应链金融业务模式

Fig. 2-3 The "M+1+N" Business Model of Supply Chain Finance

在"M+1+N"供应链融资模式当中，核心企业的职能更多体现在信息提供上，商业银行作为最终决定的一方，在这种供应链金融网络结构中占据着主导地位。除此之外，当前还发展出基于产业的供应链金融模式，在这种模式中，金融服务的提供者变为供应链当中的各个参与方，如供应链当中的生产企业、物流企业，甚至是供应链当中的焦点核心企业[3]。焦点核心企业将会与上下游企业、物流企业和金融机构产生多方关联，此时整个供应链金融业务将由焦点核心企业规划运作，焦点核心企业将会成为供应链网络的结构洞（图2-4）。

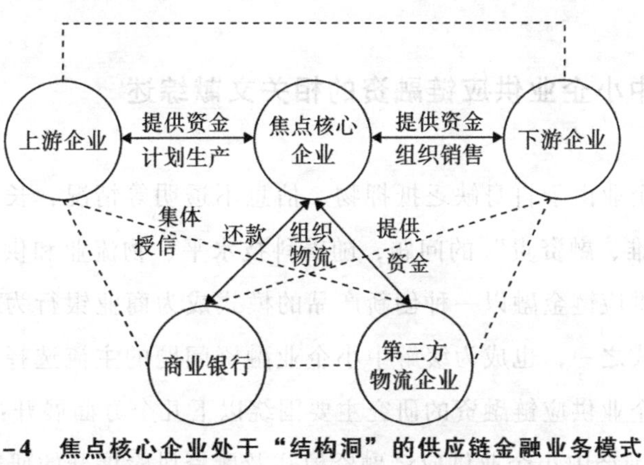

图 2-4 焦点核心企业处于"结构洞"的供应链金融业务模式

Fig. 2-4 Supply Chain Financial Business Model with Focus Core Enterprises in "Structural Hole"

以焦点核心企业为主导的供应链金融业务模式具备很多优势：一方面，由于核心企业作为金融业务的主导方，企业自身掌握的信息能够更加充分地发挥作用，贷款将更有效地发放至其所在网络当中；另一方面，银行仅需与核心企业进行业务对接，免去了银行针对企业的信用分析，且直接针对核心企业的放款降低了银行风险，进而提高了银行参与的积极性，促使这种业务模式成为当下最“流行”的运作方式，在企业应用中屡见不鲜。在这种供应链金融业务的运作模式和网络结构当中，核心企业掌握了中小企业是否能够获取供应链融资的直接“决定权”。此时，与核心企业间的关系构建将成为中小企业获取融资的重要因素。除此之外，伴随着市场经济的发展，一些供应链节点上的焦点核心企业利用互联网技术，打造了复杂产业生态系统，以支撑其所在供应链网络的资金流、信息流和物流快速运转。

综上所述，无论是“M+1+N”的供应链金融业务模式，还是复杂供应链结构下的其他衍生供应链金融业务模式，核心企业在供应链金融业务运作中起到的作用都不可忽视。它不仅可以作为供应链金融业务运作的“信息中心”，甚至还能够作为授信方，基于核心企业自身的信贷额度直接为中小企业发放贷款。这说明，与核心企业建立何种关系将直接影响中小企业是否能够获得供应链融资，因此有必要从核心企业伙伴选择的源头出发，对供应链金融业务绩效提升的路径展开相应研究。这也是本书着重展开研究的问题所在。

2.4.3 中小企业供应链融资的相关文献综述

中小企业由于自身缺乏抵押物、信息不透明等情况，长期以来难以解决“融资难、融资贵”的问题，随着科技水平、物流业和供应产业链的快速发展，供应链金融以一种创新产品的模式成为商业银行为中小企业提供融资的方式之一，也成为缓解中小企业融资问题的主流选择。当前学术界对于中小企业供应链融资的研究主要围绕以下几个方面展开：

（1）围绕中小企业供应链融资模式及融资风险展开的研究

在对供应链融资模式展开的研究当中，主要依据 Stackelberg 博弈的思想，针对不同情境下的供应链价格制定供应链融资模式的选择策略。例如，尤天慧等[88]的研究从制造商的角度给出闭环供应链的最优供应链融资模式选择策略。陈欢云[89]通过将供应链融资模式的业务特点以及风险产生的因素相结合，搭建了中小企业供应链融资模式下的信用风险评估体系，并以此实现供应链融资模式下的中小企业融资风险评价的目的。而基于供应链融资业务风险展开的研究则集中于对风险控制、风险识别、风险评估体系设计等方面[90]，外国学者对供应链金融风险的研究较早，大量学者以企业违约风险为切入点展开相关研究[91-92]，而由于供应链金融业务在国内开展时间较短，国内学者多从商业银行等金融机构和核心企业的角度出发，针对供应链金融业务的风险展开相关研究。在针对中小企业开展的线下供应链金融业务的基础上，线上供应链金融的广泛应用也促使学术界针对互联网供应链金融业务的运作模式与风险展开了丰富的研究。例如，周睿颖[93]通过全面研究京东金融针对中小企业展开的供应链金融业务，基于京东线上供应链金融业务的风险管理、交易流程和业务模式等核心环节展开案例研究，提出互联网供应链金融风险管理的优化方向。此外，徐鲲[94]等还对电商双边市场供应链融资的合作机制构建与溢出价值分配展开研究，具体基于演化博弈理论结合收益矩阵、复制动态方程对供应链联盟与金融机构间的合作机制展开相关研究。总的来说，当前学术界针对供应链金融业务的风险识别、运作模式与决策研究已较为深入，研究视角也非常丰富，研究的成果为支持金融机构运用供应链金融业务为中小企业缓解融资压力提供了理论支撑。

(2) 针对供应链融资对中小企业产生的影响展开的相关研究

总的来看，针对供应链金融业务的影响效果研究主要集中于验证其对中小企业的企业绩效、融资约束等方面的成果。例如，Zulqurnain[95]应用多元回归、结构方程模型和 BP 神经网络等实证研究方法，检验并验证采用供应链融资方案。刘兢轶等[96]则基于中小企业上市公司数据，通过构建现金流敏感性模型，验证了供应链金融业务的运作能够有效缓解科技型中小企业的融资约束。诸葛秀子[97]则基于产融结合和产权性质的视角，通过研究挖掘了供应链金融业务对中小企业融资约束的作用机理。除此之外，还有学者从互联网供应链金融业务的背景出发，通过构建互联网供应链金融发展水平的指标体系，选取我国多个省级单位的面板数据，通过对互联网供应链金融与商贸流通行业间的作用效果展开实证研究，得出：我国互联网供应链金融业务将会对国家的商贸流通业发展产生积极作用[98]。

(3) 围绕中小企业供应链融资可得性、融资绩效提升展开的研究

针对中小企业融资可得性的研究，胡海青、薛萌等[99]通过研究发现，供应链融资的可得性将取决于供应链设计、整合的水平，以及供应链当中企业间合作的关系质量、关系强度等方面。这一系列研究为本书提出供应链合作与供应链融资绩效关系的假设提供了充足的理论支撑。而关于中小企业供应链融资绩效提升展开的研究主要集中于宋华、杨璇、卢强等的成果当中，通过作者的广泛研究，不仅制定了适合于定量研究的供应链融资绩效衡量标准，同时，还挖掘了提升供应链融资绩效的供应链整合能力、企业创新能力等供应链融资绩效的前置影响因素。结合当前学术界关于供应链融资可得性、融资绩效提升的研究成果不难发现，供应链上企业间的合作关系将会对中小企业获得供应链融资的绩效、可得性等方面起到至关重要的作用。但是当前学术界的研究尚未将关注点前移至企业间的合作伙伴特性当中，结合企业网络能力的研究还尚待开发，这也为本书提出相关理论分析给予了一定研究空间。

2.4.4 供应链伙伴特性与供应链融资关系研究的文献综述

当前，大量围绕供应链金融业务展开的实践与理论成果指出，在核心企业的担保下，一个以供应链融资产品为代表的企业外部融资服务能够高效帮助中小型供应商解决其资金流紧张的问题。在这种背景下，供应链整体的运行质量和稳定性都有所提升。徐昕[100]的研究发现，供应链核心企业对合作伙伴的选择，是决定供应链金融业务顺利开展、合理运作的基础条件。同时作者还指出，合作双方的关系发展态势处于平稳或上升的状态，将使企业在合作中获得更多融资帮助。

与核心企业资源互补是中小企业与核心企业稳固合作的基础，而更

快、更好地促进企业资金的融合也更加离不开整个供应链当中企业的协同发展，这一观点在 Gonzalo 等[101]对于探索融资策略与生产相适应的供应链管理方法当中也得到再次印证。尤其是供应链上不同企业拥有的资源不同，其对供应链融资产生巨大差异性影响：外显性资源将对供应链融资的质量和成本产生影响，而信息和企业间良好的合作关系将会对供应链融资的质量、成本、效率以及持续性产生综合影响[102]。黄秋萍[103]对于供应商和制造商之间的金融关系行为研究发现，当供应商请求制造商帮助企业度过资金困难的情境下，企业存在依赖或合作倾向时，制造商会有意愿引入外源融资。例如，采用包括供应链金融等混合融资的方式，帮助供应商度过资金困境。当前关于合作伙伴间伙伴特性与供应链融资业务运作的关系研究还较少，研究成果仅显示核心企业与中小企业间的资源互补性，目标一致性程度越高，中小企业获得供应链融资的频率越多，但是伙伴特性对供应链融资绩效的影响尚未被揭示[104]。同时，并非所有研究都认为供应链上合作企业间的各类伙伴特性均能够促进供应链金融业务的顺利运作。例如，徐艺唯[105]的研究发现，供应链集中度与供应链融资行为间的关系呈现出一种非线性的关系，通过研究发现，客户集中度的增加能够提升企业生产经营的稳定性，但同时有可能给企业带来议价风险，从而间接提升了企业的销售费用，并降低了企业的资金利用率。客户集中度对于企业供应链融资行为可能会产生倒“U”形的作用效果。

纵观当前对于供应链伙伴特性与供应链融资关系的研究成果发现，包括供应链伙伴特性的多个维度在内的针对供应链融资前置影响因素的研究成果，都体现出企业在资源、文化或运营目标等方面的协调性将会促进供应链金融业务的顺利开展与运作，并得到部分学者的认可。但总的来看，当前关于供应链融资的定量研究仍存在下述不足：首先，单要素（供应链伙伴特性的部分维度）对供应链金融业务运作的影响研究并不能综合反映多种合作特征共存下的供应链融资绩效提升机理；其次，仅考虑供应链融资频率的提升，并不能从实际挖掘并解释中小企业应用供应链金融业务解决融资困境的根本效率问题；最后，积极的线性关系检验，并不能反映供应链融资绩效的影响机理，当前对于要素间的关系“黑箱”仍未被打开，因而，将伙伴特性的多个维度纳入同一研究框架，探索其对于供应链融资绩效提升路径的作用机理，既是当前研究中所必须解决的问题，更是对现实业务运作逻辑理论挖掘的必经之路。

2.4.5 关系资本与供应链融资关系研究的文献综述

供应链金融业务开展的基础，关键在于供应链关系的建立。基于供应链这一基本结构，节点上参与者互利共存、资源共享，使金融服务的提供者能够快速、精确地了解供应链上的资金“流向”。也就是说，当供应链上的企业缺乏合作时，供应链金融业务将无法顺利开展。与传统信贷业务不同，供应链金融业务是以客户间的资信状况以及供应链整体发展情况来判断是否提供贷款的金融服务。因而，只有通过将供应链管理的理念融入业务管理当中，才能更客观地对中小企业的还款实力进行判断。总的来说，没有稳定的供应链运行，就不会存在供应链金融服务，整个供应链的稳定和运行质量综合决定了供应链金融的风险和融资规模。

一个企业的资源和能力禀赋导致其“异质性”的存在。在企业的战略框架当中，资源和能力禀赋都具有一定“黏性”。如果企业间缺乏某种联系，如伙伴关系，就会使企业由于资源和能力的不完美，阻碍企业的发展进程。尤其在供应链当中，中小企业的发展将更多地依靠其获取的外部资源，其通过与核心企业缔结伙伴关系，调整自身的融资活动，避免自身融资过程中信用与抵押物的缺失，使自身的主要资源集中于价值链的核心环节当中，进而创造更多价值。有研究指出，中小企业由于存在先天信息不透明的“缺失”，导致企业经常面临融资困境，此时社会网络等非正规金融渠道在提供中小企业“软实力信息”等方面具有一定优势，它能够有效提升信贷市场的资金效率。Uzzi[106]的研究指出，企业与外部资金供给方形成的网络关系将会对资本结构产生潜在影响，企业关系网络能够对企业贷款的可得性起到显著的促进作用，同时，还能够降低企业融资成本。另有研究指出，企业内部资本市场所具有的信息获取和监督等方面的优势，能够有效减少外部资本市场的信息不对称问题，从而缓解企业的融资约束，并使企业获取一定的融资优势[107]。张蔚虹和王鑫[108]的研究发现，与上下游企业的采购、供销关系将有利于上游供应商和下游经销商间的关系建立，当核心企业通过与商业银行进行信贷合作时，将实现现金流在整个供应链当中的合理配置，其中，核心企业也会获得一定的超额利润。刘国平[102]的研究则发现，企业可以通过选择组建自己的供应链融资网络，对于已经在这一网络当中的上下游企业来说，这种融资风险将会更小，在此情况下，网络当中的企业将更易于获得资金支持。

当前，还有部分学者将供应链融资作为因变量来展开研究，他们往往从网络嵌入、企业竞争能力提升等方面展开前置性因素研究。同时，少量学者关注到供应链融资的提升频率问题，将其作为因变量验证伙伴关系对融资频率的提升作用。其中，胡海青等[109]在对供应链融资的实证研究中发现，核心企业与供应链上中小企业的关系质量、关系强度提升，能够显著改善企业获得供应链融资的频率，其中，关系质量当中的信任维度对供应链融资频率的提升效应最强。刘怡晨[110]的研究发现，在供应链金融业务过程中，中小企业对合作关系的优化能力对供应链融资绩效的提升起到显著的促进作用，并且，企业的合作构建能力与关系优化能力则可以通过作用于供应链整合水平的提升，进而改善中小企业的供应链融资绩效。综上所述，供应链伙伴间关系的建立对供应链金融业务的运作将起到重要的影响。在围绕关系资本的研究中，验证其对于伙伴合作绩效提升的文献很多，但是将关系资本与供应链融资绩效结合的研究却很少，实证研究更少。更为关键的是，诸多学者在纷纷强调伙伴关系的稳定发展对供应链金融业务开展的重要性的同时，对其前置性影响因素的探索相对缺乏，并且未能对“何种情境下获取更高供应链融资绩效”作出解释。要回答这一问题，需要对情境要素进行分析，甚至是进一步揭示关系资本配置性机理。其中，关系资本作用于供应链融资绩效，及对其转化边界的探索研究将会体现出更深入的研究意义。

2.4.6 文献评述

当前，对如何提升企业供应链融资绩效的研究尚处于初步发展阶段，不同视角下的研究变量和研究视角都存在一定差异。同时，大量关于供应链金融业务的研究成果要么侧重于选择一个具体业务，对这一业务的运作模式、风险进行分析；要么基于供应链管理理论，探究供应链金融业务对企业绩效提升的作用效果。少有研究拓展至供应链金融的量化研究当中，并探索企业“如何”获取融资、有效提升融资绩效的作用机理等问题。近年来，少数学者基于EVA模型，定量衡量了供应链融资绩效，并开发了供应链融资绩效的测量量表。对于供应链融资获取、绩效提升的影响因素研究，当前学界主要集中两个方面：一是基于供应链合作关系，研究供应链融资频率提升的方法。以胡海青等[109]为代表的研究发现，关系质量、关系强度的提高能够有效提升中小企业获得供应链融资的频率；二是基于能力的视角，分析创新能力、整合能力对供应链融资绩效的促进效果。

总的来看，当前对供应链融资绩效的定量研究仍然聚焦于供应链网络嵌入性、企业自身能力提升对于供应链融资绩效的促进作用。需要明确的是，无论是在何种供应链金融业务运作模式当中，核心企业起到的关键作用不可忽视，很有必要从过程视角出发，打开供应链融资绩效提升路径的“黑箱”，以解释核心企业伙伴选择对于供应链金融业务运作的影响机理，这也是对供应链金融业务绩效提升路径研究“黑箱”状态的补充。对于该问题的研究将有利于进一步回答中小企业缓解融资困境过程中应该“做什么”“怎么做”“什么最重要”等一系列问题，为中小企业获取供应链融资过程中面临的发展选择提供指导。

同时梳理当前研究成果发现，中小企业可以通过关系效能维护、自身能力提升等方面的良好表现实现供应链融资的获取与融资绩效的改善。但值得注意的是，关系资本作为嵌入供应链关系层面上的企业社会资源的综合体，其对中小企业供应链融资绩效的影响始终未被综合考虑。同时，从伙伴特性这一伙伴选择的重要因素出发的前测性研究还尚未被学术界关注。近两年来虽然学者们加强了对供应链金融业务绩效提升方式的研究，但研究范畴还仅限于网络嵌入性与供应链融资绩效关系的探讨，从供应链复杂化发展趋势的实际情况入手，探索供应链金融业务绩效提升路径的研究成果仍处于“空白”，这些局限导致对于当前中小企业获取供应链融资的实务研究与理论脱轨较为明显。同时值得注意的是，随着现代经济社会价值链的变革，企业间生产协作的分工更加细致，供应链的复杂程度越来越高，对关系网络进行控制、管理的能力成为企业在供应链当中取得一席之位的重要手段。虽然网络能力培育在企业发展过程中起到的作用受到了很多关注与重视，但当前研究却未能解释网络能力培育是否能够对供应链融资绩效的提升起到一定作用。包括网络能力提升对关系资本转化为融资绩效的作用是什么样的？供应链复杂化发展是否会对中小企业供应链融资绩效产生影响？这种影响是负向的还是正向的？这一系列问题都需要配合在调研和研究后才能得到结论。目前学术界对供应链当中的企业融资绩效提升机制的相关实证研究较为缺乏，这也导致中小企业通过与网络内核心企业建立合作关系获取供应链融资的实现途径变得更加模糊。因而，有必要基于供应链复杂性的视角，对供应链当中节点企业的供应链融资业务绩效提升方式与实现路径展开更为广泛且深入的研究。

2.5 网络能力的相关理论与文献综述

2.5.1 网络能力相关理论基础

自20世纪80年代以来，随着市场经济、技术的不断发展，企业面临的外部环境压力逐渐变大。为了能够提高生产效率，企业运用了大量科学的管理手段提升自身的能力，此时，一些以内部技术为优势著称的企业在日趋激烈的外部竞争环境中败下阵来。在此情境下，大量管理者和研究人员逐渐认识到，企业要取得竞争优势，内部能力必须和外部环境相适应。那么，在外部环境飞速变化的情境下，如何有效培育并提升自身能力，从而使其与外部环境相匹配，进而实现自身竞争优势的提升呢？大量学者指出，只有企业的内部优势跟上所在产业的发展和变化，并培育出自身的核心能力，发展动态能力，才有可能获取更多竞争优势。

伴随互联网信息技术的飞速发展，企业资源的趋同性发展趋势在逐步加速。在此背景下，企业要获取竞争优势并保持长期的行业领导地位，面临更多挑战。当前，基于企业如何获取、保持市场竞争优势的研究已被大量学者共同关注，其中，企业能力塑造观为揭示企业竞争优势的获取提供了一定理论借鉴。总的来看，当前基于企业能力观的研究成果主要集中在下述两方面：一是企业“整体能力观”，强调企业集体技能的培养是获取竞争优势的关键；二是“核心能力观”，更加强调企业个别优势的存在对企业发展的作用。企业核心能力理论体现了企业能力的独特性、稀缺性和不可模仿性，因而这一能力体现了企业内部资源的“异质性”作用效果。一般来说，企业获取竞争优势的来源在于，相较于竞争对手，其本身掌握的资源和能力的价值。但是，该观点主要强调企业自身能力的实现，而对于企业如何与外部环境相适应，该观点没有作出更多解释。之后，学界又提出了动态能力的理论，以完善企业在进一步发展过程中自身能力与外部环境匹配的相关成果。

动态能力理论的提出，得益于企业战略管理理论的发展与研究。企业的动态理论聚焦于企业纵向发展，并关注企业持续培育、改进与重构异质性资源的能力。基于不同的研究视角，当前学术界形成了能力整合与动态资源观两种学派，以解释动态能力对于企业获取竞争优势的价值所在。整合能力观认为企业动态能力的形成源于企业对于内外部资源的整合能力与二次配置能力。以 Teece 等[111]为代表的学者们认为，具备动态能力的企业能够根据外部环境的变化及时自我更新与调整，使自身尽快适应外界环境。总的来说，企业的动态能力就是企业的一种自我更新能力。基于动态能力的培育，学者们都认为其对于企业来说，是实现竞争优势的来源，因而整合能力观反映了企业基于现有资源实现价值再创造的一种途径。企业拥有更多的资源，就能够更好地实现资源整合与优化配置，进而产生更多的竞争优势，实现绩效提升。与整合能力观不同，动态资源观认为企业动态能力体现了企业对于资源组合利用的能力。例如，孙慧和张双兰[112]指出，企业动态能力的培育是应对外部市场变化，而对企业自身资源进行整合、重新配置的过程。需要明确的是，企业的动态能力资源观是以资源基础理论为基础，并以能力整合观当中的一些表述作为参考形成的。可以发现，企业动态能力的形成是企业利用资源获取，并实现与外界环境匹配的基本要素。因而，企业对于资源获取、创造的能力，是企业在外部环境剧烈变化当中实现竞争优势的重要来源。

作为动态能力的一种体现，企业网络能力的综合培育正逐渐成为当前学术界共同关注企业竞争优势获取的焦点问题。基于资源整合、动态资源观的论述，不难发现，企业网络能力在企业发展过程中占据了重要的地位，但对于网络能力在实现绩效提升当中起到的关键作用还需要展开更多有针对性的研究，以挖掘企业能力培育方面的更多需求，从而实现企业优势构筑与绩效提升的双赢局面。

2.5.2 网络能力作用效果的相关研究综述

作为动态能力的评价指标之一，网络能力对企业发展起到的作用得到了学术界与实践界的认可，大量学者针对网络能力的作用效果展开了多维度的研究。具体地，围绕企业网络能力展开的研究可总结为下述两方面内容：

(1) 网络能力的直接作用效果

关于网络能力能够产生的直接作用，学术界的研究主要集中于网络能力提升对企业核心竞争力的获取等方面内容的研究，研究成果主要集中于网络能力对企业（运营、合作等）绩效的促进以及对企业创新的推动等方面。

首先，当前学术界关于网络能力作用于企业绩效的成果，可以从网络和组织两个视角出发分解。网络视角的研究成果指出，网络能力与企业绩效存在一定的相关关系。李逸超和戴桂林[113]通过研究发现，企业网络能力可以实现网络节点之间资源的流通与整合，进而使企业资源配置和利用能力得以提升，最终实现企业运营绩效的综合发展。而从组织视角出发的研究，则重点围绕企业资源获取开展相应研究，并指出网络能力对企业绩效存在一定促进作用。例如，简兆权等[114]以我国华南地区的243家企业为调研样本，基于组织学习视角，通过实证分析验证了网络能力对企业经营绩效的直接效应及关系学习的中介效应。钟丛升等[115]则从组织网络特征的中微观层面出发，搭建起“网络能力—吸收能力—企业绩效”的关系研究框架，通过作者的分析发现，代表企业网络能力的位置中心度、连接强度和代表企业组织吸收能力的知识获取能力及知识应用能力都对企业绩效有积极显著的影响。张超群和王府[116]还基于组织学习的视角发现，网络能力的培育能够通过提升组织探索式和利用式学习能力，对企业绩效产生间接促进作用。

其次，网络能力还能够促进企业的联合创新，并对创新绩效产生一定影响。较早将网络能力与创新间的关系联系起来的学者Gemunden等[117]指出，由于企业在技术创新的过程中会面临较多挑战，如缩短创新周期、提升技术难度等，这一系列问题均会提高企业的创新成本。因而，为了能够有效解决上述问题，企业通过培育网络能力展开协同创新，在此过程中，企业通过关系优化使自己参与到其他企业的技术开发中，因而企业可以通过网络能力的培育创造创新价值。基于此，大量学者验证了企业网络能力培育对知识获取、创新绩效等方面的作用。例如，邢小强、仝允桓[118]从网络能力的多个维度出发，逐一验证了不同视角下的网络能力对企业创新的作用。以马鸿佳等[119]为代表的大量学者则从路径视角出发，探讨网络能力对企业创新绩效的提升机理，并结合我国高新技术企业，相继验证了企业通过网络能力培育，可以以网络位置与网络联结强度、信息资源获取和知识资源获取等为中介因素，桥接其与创新绩效的关系[120]。这一系列研究对企业网络能力与渐进式创新、突破式创新等不同形式的创新绩效提升的研究具有重要意义。

除此之外，网络能力作为一种利用合作关系、实现关系协调的能力，当前学界一度认为其对企业间的合作绩效起到了良好的促进作用。鉴于此，大量研究将合作绩效作为结果变量，重点探讨网络能力与合作绩效间的中介机制，以打开网络能力对于企业间合作关系促进的作用“黑箱”。例如，周立新[121]通过对制造业家族企业的调研，不仅验证了网络能力对企业合作绩效的作用效果，同时还发现知识获取能够在网络能力与合作绩效关系间起到显著的中介效应。沙振权和周飞[122]的研究同样验证了网络能力对企业合作绩效的促进作用，但与周立新的研究不同，这两位学者认为企业网络能力对合作绩效的提升将通过网络结构和吸收能力传导。

（2）网络能力的调节效应

企业所处的外部网络能够为企业提供发展所需的资源、信息、知识等基本要素，但并非所有企业都可以将这些资源有效利用起来，将这些资源转化为绩效还有赖于企业自身的能力和特质培养。同时要指出的是，网络当中蕴含的丰富资源不会“毛遂自荐”，这些资源还需要企业通过自身努力利用并转化，才有可能发挥其潜在的价值。因而，即使企业处于同样的关系网络当中，其资源转化的效率也会有所不同。总的来讲，有效的外部网络结构能够为企业提高绩效创造条件，但如何对这些潜藏在网络当中的资源进行识别、筛选、整合并转化，需要企业高效调动自身的主观能动性，这就需要关注企业能力培育对于资源转化的调节作用。

当前，学术界对于网络能力的调节效应关注较少，将网络能力作为调节变量，挖掘其边界效应的研究成果尚集中于企业能力提升对于创新绩效方面的提升作用。例如，任胜钢等[123]将网络能力设置为调节变量，结合网络嵌入性对企业创新绩效的主变量关系研究，挖掘出企业网络嵌入的不同维度会对企业创新绩效产生交互作用，网络能力又会对此影响路径产生潜在的调节作用；刘文昌和姜骞[124]的研究构建了“创新网络—资源配置—创新绩效”框架，通过对科技型中小企业的调研，验证了网络能力对资源配置与科技型中小企业两栖创新存在正向调节作用。金永生和季桓永[125]通过对我国211家BTB高科技企业调研样本的实证分析，发现了网络能力能够正向调节外向型创新与企业创新绩效间的关系。另外，林瀚[126]还通过构建“供应链网络规模—网络一致性—创新绩效”的关系模型，验证了网络能力对这一作用路径的正向调节效应。

当前，学术界对网络能力的关注重点集中在Ritter[127]提出的创新绩效提升机制等方面，无论是以创新绩效为结果变量，还是以合作绩效为结果变量，学者们无疑将网络能力与知识获取、信息共享等联系在一起，进而验证网络能力对于企业（运营、创新、合作）绩效的作用机制。同时，少量学者关注到网络能力的调节效应，但仍然是从创新的视角出发展开相关研究。网络能力作为企业关系构建、利用的关键能力，其势必会对企业资源的转化起到一定作用，关系维护是供应链融资业务开展的必要环节，因而网络能力的改善对于提升企业关系资本转化必然存在一定影响。但是纵观现有关于网络能力的研究成果发现，供应链融资绩效提升视角下的企业网络能力开发与运用还尚未被学界关注，网络能力作用于关系资本转化效率的研究尚需进一步挖掘，中小企业网络能力的差异会导致自身获取供应链融资的频率及融资绩效产生一定差异，因而有必要从网络能力的视角出发，展开更为细致且有针对性的研究。

2.5.3 文献评述

自从“核心能力”这一概念在企业发展过程中被提出后，大量学者基于“能力”这一概念展开了广泛的研究，包括企业内部技术、知识、资源和文化等内容的获取，以及外部关系管理能力的提升等多个方面。但伴随着全球一体化程度的加速发展，同时企业反应时间、资源整合程度也在不断提升，不同类型的企业将会“主动”或“被动”地加入复杂网络中，其经营模式也将由传统的价值链观念转化为价值网络的概念当中。企业网络能力是有效管理网络资源的一种动态能力的体现，当前，学术界基于网络能力的概念内涵已形成定论，但在测量网络能力方面存在多种方法和视角，需要根据不同的研究情境和目的对研究视角进行选择。同时，现有研究指出，网络能力在提升企业合作绩效、资源获取、价值提升等方面起到了至关重要的作用，而上述几个方面均是提升企业供应链融资绩效过程中不可或缺的关键内容，缺少合作就不存在供应链融资业务，缺少资源获取亦不利于融资业务的顺利开展，缺少价值提升则难以形成较为长期的融资合作。

现有关于网络能力的实证研究多基于动态能力观理论，探讨企业网络能力对于企业经营绩效、合作绩效及创新等方面的积极作用，这些成果虽然有效解释了企业通过整合资源获取竞争优势的基础，但忽视了企业能力在资源获取过程中的作用，因而不利于深入认识企业通过合作形成关系租金并获取竞争优势的整个动态过程。同时，纵观当前学术界对于网络能力的研究，大量研究成果关注于网络能力在联盟合作、创新绩效等方面的提升作用，缺乏在供应链视角下企业合作关系管理等方面的研究成果，对于网络能力对资源转化为供应链融资效率的调节作用研究尚存空白，因而，有必要明确供应链合作背景下中小企业网络能力的内涵，应用充分的实证研究，挖掘并深入分析网络能力对于关系资本转化的作用效果，以进一步探究出网络能力在供应链融资绩效提升路径方面起到的重要调节效应。

3 研究情境与理论分析

3.1 研究对象与情境界定

3.1.1 研究对象界定

金融抑制和深化理论认为，发展中国家为了推动经济发展，会适当扭曲金融市场的自发机制，因而会压低金融市场利率进而导致金融市场的需求远远大于供给，随后政府会强迫形成信贷配给制度。此时，在政府管理的信贷配给制度下企业资金使用的实际成本会降低，进而社会也会形成投资沉淀。一般来讲，政府和金融机构会更加重视大型国企的资金需求，对中小企业的资金需求则无法满足，特别是在发展中国家内部，金融市场的条块分割非常严重，大量中小企业会长期被排斥在金融体系之外，从而难以获得金融机构的资金支持。对于中小企业而言，由于规模限制并且抵押资产较少，导致其在与供应链上的大型企业交易后会将自己的应收账款抵押给银行，以此获得银行机构的贷款支持。通过此举，中小企业将未来的现金收益变成了当期现金流，由此能够获得进一步的发展。基于此，供应链金融慢慢发展起来。正是因为中小企业与有资质的大中型企业合作关系的发展，才使其融资获取成为可能。

总的来说，供应链金融业务是为了解决供应链节点中小企业融资困境的金融服务业务。该业务以供应链上核心企业为依托，通过将供应链上的信息流整合，并对资金流和物流进行控制，从而为中小企业提供融资服务[3]。在供应链的发展中，资金流远远慢于信息流和物流的发展，由于供应链上的制造商一般为资金实力较为强大的大型企业（核心企业），因而其能够凭借自身的资金优势将资金压力转移给上、下游供应或分销商（中小企业）。但正是因为中小企业和核心企业处于一个供应链网络当中，其能够利用核心企业的信用共享提高其在银行的信用水平，为中小企业的融资带来转机，这也正是供应链金融产生的本质。本书正是以中小企业为研究对象，考虑其与供应链上核心企业的合作特征、合作关系发展情况，结合中小企业自身能力的提升，进而研究其获取供应链融资的绩效提升机理。值得注意的是，供应链的复杂化发展导致网络当中存在不同类型的核心企业，同时在这些企业周围分散着大量的中小企业。从实践发展来看，由于供应链发展越来越复杂，复杂化发展虽然对中小企业提出了挑战，但这也使得网络当中的中小企业可以依靠更多的核心企业获得供应链融资，因而，有必要进一步探讨在供应链复杂化发展的背景下，中小企业如何获取融资，又如何提升自身融资绩效？总的来讲，上述提到的这一系列问题都需要基于本书的研究对象——“中小企业”，从核心企业对与其合作的中小型伙伴选择的初始状态出发，探求从企业间合作关系建立到最终获取融资这一整体链条当中的伙伴关系发展情况。

3.1.2 研究情境与科学问题

基于供应链金融业务的基本概念与特征，不难发现，供应链的存在是供应链金融的一个重要特征，供应链结构的形成是供应链金融运作的基础。如果一个供应链的结构存在问题，供应链金融业务运作就会存在巨大风险，因而供应链的结构变化与发展对中小企业的资金可得性有直接影响。同时应注意，供应链金融业务除了需要技术上的信息系统和网络平台支持以外，还有赖于供应链上的客户、供应商关系管理、复合型的能力管理等方面达到协调，其中关系管理涵盖对客户需求和资源的理解与匹配，而能力管理则是对于供应链成员的技术能力和服务质量进行组织的过程，并兼顾供应链上的合作伙伴为了实现目标协同及资源匹配而进行日常性投入。经过上述分析不难发现，中小企业要获得供应链融资服务的支持，同时有较高的融资绩效，有赖于从伙伴选择出发关注供应链的整体发展态势。但当前从供应链伙伴选择视角出发的相关研究还较少，在实践中给予的关注还不够系统，因而很难将供应链融资绩效的提升落到实处。

另外，伴随着经济全球化的飞速变革，在供应链当中存在的信息流、物流、资金流快速分解，更多非核心业务外包出现，使当前供应链管理形式变得日趋复杂，并逐渐向网络化发展的形式演变。大量学者对供应链未来的结构进行了预测，并指出，由于当前信息技术、网络技术的飞速发展，以往线性的供应链关系已经迅速转变为一种“不定型”的供应链关系资本模块，同时，供应链也趋于发展为网络化的形式存在，其中，同一个行业中将存在多个相互竞争的供应链，此时，某个供应链网络中的核心企业将会与其他供应链当中的企业存在业务关系，甚至与相互存在竞争关系的供应链当中中小企业展开合作，由此看来，当前供应链结构朝着更加复杂的网络化形态飞速转变。

通过上述分析，清晰刻画了本书的研究情境。同时，为了明确研究情境当中的研究对象，有必要对本书研究的对象“供应链上的中小企业及焦点核心企业”合作关系形成的典型特征进行剖析。约束理论指出，核心企业是那些供应链上在技术、资源、信息等方面具有绝对优势的企业，由于其用于瓶颈约束类资源，因而核心企业在物流、信息流和资金流配置等方面足以胜任相关协调工作[128]。供应链的复杂化发展导致网络当中存在不同类型的核心企业，同时在这些企业周围分散着大量的中小企业。从实践发展来看，由于供应链发展越来越复杂，复杂化发展虽然对中小企业提出了挑战，但这也使得网络当中的中小企业可以依靠更多的核心企业获得供应链融资，因而，有必要进一步探讨在供应链复杂化发展的背景下，中小企业如何获取融资，又如何提升自身融资绩效？总的来讲，上述提到的这一系列问题都需要基于供应链的背景，从伙伴选择的初始状态出发，探求企业合作关系建立到最终获取融资这一整体链条当中的伙伴关系发展情况。与此同时，为了能够明确本研究的理论逻辑思路，还有必要对本研究的理论情境展开进一步解析。近年来，国内外学者多关注供应链金融业务的应用对企业绩效提升的促进作用，并从风险识别与运作模式等方面出发对供应链金融业务展开研究。与此同时，从网络视角出发探求供应链融资绩效提升的研究成果成为近两年来学界的研究热点，但从伙伴选择出发，讨论供应链融资绩效提升机理的成果仍有待进一步开发。究其原因在于，学界对于供应链融资业务的认知仍处于线性关系的供应链运作模式当中，因而，当前研究仅简单地认为供应链融资业务的获取是由企业间的关系决定的，对于企业能力提升过程中的关系资本转化效率考量欠缺。从核心企业的视角来看，由于当前市场经济不景气、综合成本上涨等多方因素的影响，核心企业会将大量的非核心技术外包给中小企业，此时，核心企业在选择合作伙伴时，就会选择那些能够积极配合本企业生产、与本企业存在资源互补、共同认知或者是具备协调的发展目标等类型的企业展开合作，这也是Brouthers[34]提出的联盟伙伴选择的四个标准，这些标准均体现了合作伙伴当中具备的属性。中小企业获得核心企业支持的源泉在于核心企业给予足够的信任，同时能够与核心企业保持较为频繁的沟通。因而，与核心企业的关系构建与管理就成为了中小企业提升供应链融资绩效的关键，尤其是在供应链复杂化发展的进程中，核心企业会寻求拥有互补资源、兼容目标或文化等方面较为匹配的中小企业作为合作伙伴，中小企业也会根据自身的发展和目标主动进行模仿性同构，只有这样，处于弱势的中小企业才可以在供应链当中找到属于自身发展的稳定空间。因而，供应链当中的各个节点中小企业在供应链运作过程中需要不断地与其他企业协调，通过自我调节、自我学习，与供应链一同进行优化，同时，企业还应注重自身能力的培养，如若不然，就会失去在供应链中的位置而被更优秀的竞争对手所替代，从而难以获取供应链融资业务运作时所能够提供的资金支持。基于此，在供应链金融业务开展过程中，由于复杂信息的交互，导致了中小企业在获取融资过程中会存在一定的不确定性，有必要进一步针对供应链复杂化发展的情境，对企业伙伴关系的变化与能力培养展开进一步研究。

本研究结合供应链复杂化发展的现实境况，探索伙伴特性、关系资本积累对于网络节点中小企业在申请供应链融资时绩效提升的影响机理，挖掘中小企业网络能力培育对于关系资本转化的作用，同时，考虑到供应链复杂化发展的现实背景，本研究还定量化探讨了供应链复杂性对于关系资本转化的二阶和对网络能力调节效应的高阶调节作用，以期理论贴近实务，从而指导中小企业兼顾融资优势构建与能力开发的双元目标，进而提升节点中小企业开展供应链融资业务时的融资绩效。本书重点探讨的几个问题如下：

①在供应链当中，中小企业如何与核心企业构筑有利于关系转化的伙伴关系？伙伴特性的培养是否能够对其获取供应链融资、改善融资绩效起到影响？

②关系资本是否能够促进供应链融资绩效的提升？在供应链伙伴特性与融资绩效提升当中是否起到中介作用？

③网络能力培育是否能够对中小企业的关系资本转化起到促进作用？

④供应链的复杂化发展是否会影响到中小企业关系资本的积累与转化？网络能力对关系资本转化的调节效应是否也受到供应链复杂性程度的间接影响？

3.2 理论分析

为了阐释本研究的核心问题，以及供应链伙伴特性、关系资本对供应链融资绩效的作用机理，本书聚焦于当前供应链网络的研究主体，在各研究要素的基础上，还进一步对研究的关键变量间的关系展开一定理论研究，为后面研究假设的提出与理论模型的初步构建形成一定支撑。

3.2.1 伙伴选择与供应链伙伴关系构筑

企业的关系是从简单到复杂逐步演化的，从关系依赖、关系排他以及关系战略目标的实现过程来看，企业间的市场交易关系呈现着持续发展的过程（如图3-1所示）。首先，企业间基于简单的交易变化为重复的交易关系，之后，依赖于市场机制形成长期交易关系，最后经过长期合作形成真正的合作关系，进而实现战略联盟的组建。

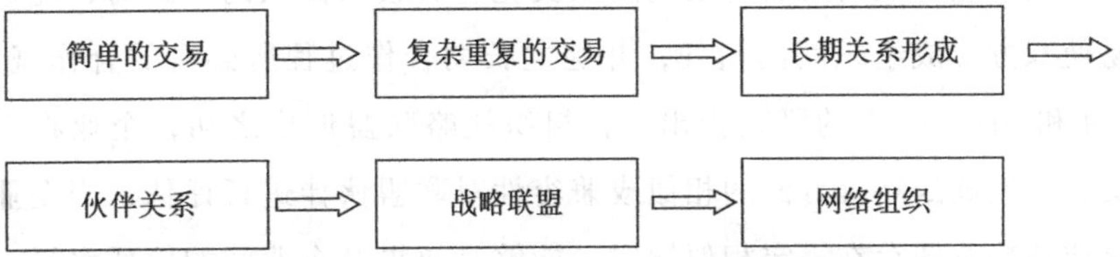

图3-1 企业交易关系发展变化过程

Fig 3-1 The Development Process of Enterprise Transaction Relations

资料来源：基于陈旭《企业间合作关系治理的理论研究》整理得到。

依此逻辑关系来看，合作双方关系的形成有赖于简单交易关系的形成与长期维护，如果合作的双方间缺乏运营、策略等方面的协调性，那么在合作过程中就容易产生非功能性的潜在冲突，进而增加信息共享的难度，严重时甚至会导致合作关系的终止。在全球竞争市场当中不乏核心企业与中小企业的成功合作案例。例如，日本汽车制造商在北美市场上造就的辉煌，究其原因就在于其与中小型供应商建立了稳固的合作关系。在设计初期阶段，他们就与上下游合作企业联合了一个信任网络，在一个相互依赖的网络系统中，其通过与少数供应商的紧密合作关系，并及时采用JIT等管理方式，降低存货和制造成本，进而创造供应链上的超额价值。从上述企业的成功案例分析发现，企业间合作关系建立的根源就在于合作方的选取，那些满足核心企业战略发展，并与核心企业配合研发、生产的中小企业，能够更好地获得核心企业的信任，从而能与核心企业建立起更加稳固的合作关系，以共同获取供应链整体的竞争优势[129]。

基于上述分析发现，对合作伙伴特性的评估将成为企业间合作伙伴关系建立的初始环节。当前学术界对于伙伴特性与合作关系形成的研讨，不仅在实践过程中得到了很好应用，理论界也对此得到了广泛的验证。相关研究表明，如果两个企业的文化背景、经营模式及经营目标相互协调甚至具备较高的一致性时，会形成组织间比较相近甚至共同的价值观，这样一来会间接提升交易企业之间的信任程度，并使双方在交易中更容易作出关系承诺，最终使双方形成较为长久的伙伴关系。例如，李迁等[130]的研究指出，当供应链上的成员对彼此间的文化有着较为深入的了解时，能够更容易使双方形成组织间的信任，并建立长期合作过程所必需的合作规范。Parast 和 Digman[131]的研究指出，在组织战略联盟形成之初，企业将会基于文化、发展战略等方面的相似或兼容性对联盟伙伴进行评估，当企业间文化或战略意图存在一定相似性时，能够有效提升企业间的信任水平。同时，企业在组建创业供应链时，大多希望寻找可信的、牢靠的合作伙伴来共同抵御可能出现的风险[132]。互补性资源的存在不同于相似资源的简单叠加，它能够提升企业合作间的依赖性，减少合作过程中的潜在风险，进而提升企业维持合作关系的意愿，推动企业间关系行为的维系。企业间关系租金的产生，源于企业关系资本对于组织间信息交互的促进，是企业通过关联交易形成的超额利润回报。诚然，如 Olive[133]的研究指出，企业建立合作联盟的动机源于其需要对市场当中那些自身缺乏的资源进行获取，特别是一些特殊的无形资产和技术。因而，在某些情况下，企业要得到发展，一方面需要依靠其自身资源；另一方面，基于资源依赖观的观点，企业还需要获取互补性资源，进而提升创造租金的能力。同时要明确的是，供应链伙伴关系的价值创造不仅需要企业间资源和能力互补，同时需要双方在社会制度、网络位置等方面存在一定的相似或兼容[134]。另外，Vivek 和 Richey[135]研究发现，当伙伴间匹配度越高，企业间资源共享和沟通发挥的中介效应会越明显。

综上所述，合作伙伴间基于文化、经营目标的兼容性，以及资源方面的互补性，将为企业拓展外部关系起到重要作用。同时要注意的是，不仅互补性资源的存在能够为企业创造关系租金，而且当组织间文化和目标相互兼容时，能够更进一步地改善企业间的合作行为，因而这三方面内容将共同存在并对合作关系产生影响，如图 3 - 2 所示。

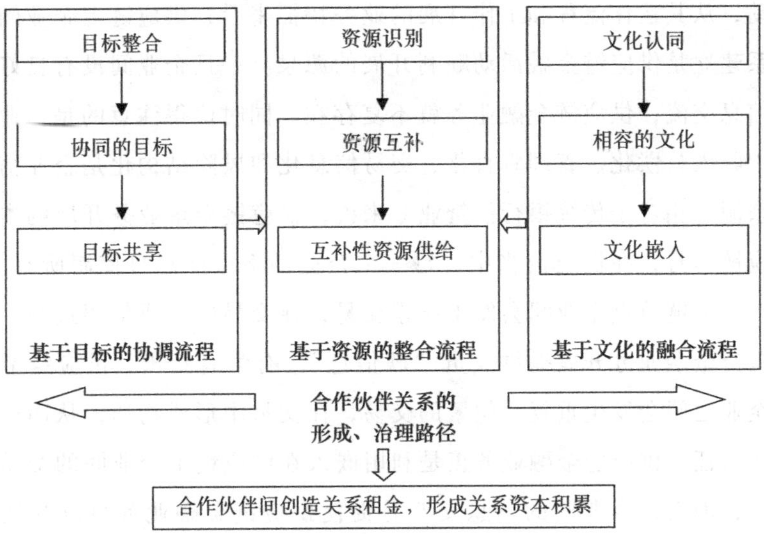

图 3-2 供应链合作伙伴关系形成机理

Fig 3-2 Relational Formation Mechanism of Supply Chain Relationship

3.2.2 关系资本在供应链融资业务运作中的意义

当前，企业对社会资本的应用已经成为我国大量企业经济行动的标杆，其对企业在社会经济转型中获取竞争优势发挥了积极作用。关系资本是社会资本构成的重要维度之一，其在企业经济发展、竞争优势获取等方面具有独特的价值。企业积累的关系资本来源于社会网络，是企业可获取的外部资源中非常重要的一种。相关研究显示，企业关系资本有利于提高企业的竞争优势和绩效。在儒家文化的影响下，人与人之间的关系在我国经济社会发展中起到了重要作用，这种非正式联结渗入组织领域，从而使企业间关系构建对竞争优势形成的影响变得异常明显。Allen 等[136]通过对中国企业的调研发现，基于企业声誉和关系的融资渠道与合理的公司治理机制对企业非常重要，这些因素在一定程度上甚至能够代替支持私营部门经济增长的金融体系。在供应链当中，企业间合作关系对于供应链上的资金流、信息流与物流活动同样起到了重要作用。

供应链金融业务是基于供应链内外部参与者通过协作展开的综合性融

资活动，从其运作流程和工作开展的业务特征来看，供应链上企业间的合作关系建立是供应链金融活动顺利开展的源泉。一旦企业间没有良好的沟通与信息交流，供应链金融业务就不复存在。同时值得注意的是，业务闭合化、收入自偿化、管理垂直化、交易信息化和风险结构化是企业信用的根本来源。相对于传统银行信贷业务来说，供应链金融业务开展的本质在于供应链本身，在供应链当中，每一个企业都不可能独自控制所有交易，因而，供应链节点企业间会发生频繁交易，在交易中形成信用过往，进而为供应链金融业务开展提供大量“软信息”。有学者指出，供应链节点上的各企业之间会发生重复、频繁的交易，在交易中形成沟通，从而产生进一步的信任。供应链金融业务正是利用嵌入在供应链上企业间的交易信息展开的，因而，企业间的信息交互是促使供应链金融业务得以开展的关键，在融资中，可以利用供应链当中的交易信息弥补企业“硬信息”的缺失，发挥降低信息不对称的各项功能。供应链金融服务正是基于供应链上下游的交易信息，为供应链上需要资金的企业提供融资服务。

可见，关系资本是企业间关系资源的体现。当企业应用供应链金融业务进行融资时，企业与核心企业间的关系积累至关重要。近年来，围绕企业间关系与供应链融资获取形成一系列成果，丰富了企业间关系构建与供应链融资可得性、易得性关系间的逻辑理论，但是研究内容的多元化也使得关于研究成果显得零散而混乱，掩盖了核心逻辑下的供应链融资绩效提升本质，因此还需要学界针对关系资本存在于供应链金融业务运作当中的直接作用展开系统性的实证研究与理论解构。

3.2.3 供应链伙伴特性与中小企业供应链融资获取

已有研究指出，供应链网络是一种企业开放式互动机制的载体，其价值的实现在于企业间资源的共享、运营的协同以及网络组织目标增值的形成。在供应链网络当中，企业间的互补性和兼容性是企业合作伙伴关系建立的内在条件。如果缺乏互补性（资源/能力）和兼容性，供应链的信息流、资金流与物流活动势必将面临各种阻力。本书涉及的研究主体范畴是供应链网络，而研究焦点则是核心企业与中小企业间伙伴特性的匹配性，以及核心企业围绕伙伴选择所展开的一系列行为。由于伙伴特征的匹配状况是在初始环节形成的组织间高层次特征，是联盟能够稳定发展的根源，因此，基于供应链伙伴协作发展起来的供应链金融业务，亦会受到伙伴匹配性评估结果的影响。具体地，可以分解为以下几方面描述：

首先，企业间存在互补性资源时，企业创造的可持续性竞争优势均能够得到提升。如果企业仅靠自身资源储备，而缺乏外部互补性资产的补充和帮助，企业将独立完成产品的开发、存储和销售等大量工作，这将会提高企业的运营成本，因而，企业在经营中，势必需要通过互补资源的配合，以扩展自身的核心竞争力。资源互补性反映在供应链当中的价值不仅局限于对于企业产品开发的帮助，更重要的是，企业间资源互补性的提升能够直接促进企业间资源整合、利用的效率，甚至核心企业会为获取互补性资源进行一定的专用投资，双方的关系“黏性”会进一步提升，进而为中小企业创造更多的融资机会。

其次，在供应链伙伴文化兼容的管理内容中，多元文化是供应链节点企业的核心竞争力。实践当中，供应链节点上的企业更容易实现差异中的互相学习，在企业对双方文化方面的认知达成一致的基础上，建立符合整个供应链发展的协同性文化，可以削弱企业文化当中的冲突与摩擦，同时可以避免由于企业文化和个体文化之间存在的差异而导致的冲突。Roh 等[137]在比较日本与美国文化对于供应链管理影响的差异时发现，只有在保持战略和文化一致时，供应链当中的信息交流才能保持高效畅通。同时要明确的是，当供应链核心企业与中小企业具有相容的企业文化时，有助于消除双方在合作过程中产生的隔膜，同时能够促进核心企业对中小企业的认同感。以上认知反映在供应链金融业务当中时，就体现为双方在交易过程中达成金融业务运作目标的流程与信息交流是否足够流畅。当企业间的文化具有一定的认同性时，企业间就能快速形成一致的意见，使基于供应链当中的各类业务顺利运作，这势必也包括了供应链金融业务的运作。

最后，在供应链当中，合作伙伴间的关系保持着竞合关系。作为核心企业，其经营目标始终以自身管理目标为主，以供应链整体发展目标为辅。作为供应链当中的中小企业，其不可能完全与合作企业的经营目标保持一致，而是尽可能地与核心企业的战略目标兼容。Shyh[39]的研究指出，如果供应链上的合作伙伴兼具兼容性和互补性，那么，当企业间的这两种属性发生变化时，伙伴关系的有效性将会显著变化。另外，合作伙伴目标的协同对于合作双方信息交互必不可少，从供应链融资运作的视角来看，供应链上合作伙伴间的潜在优势来源于伙伴间成本和综合响应能力的增加，其中，综合响应能力的提升则可以体现为双方合作间的不确定性降低，比如期望目标的一致性等。而融资成本的节省则来源于包括采购、生产、运输等方面的流程简化，以及对市场的综合响应能力提升，这些内容综合反映为企业间在供应链当中各类业务的兼容发展，甚至是共同开发融资产品、规划融资流程等方面。

在供应链网络的日常运作当中，焦点核心企业会寻求具备互补性资源的企业展开合作，相应的，中小企业也会根据自身关系网络构建与发展需求，对合作伙伴展开模仿性同构。基于此，中小企业才有可能在供应链当中寻找到稳定的发展空间。虽然当前大量学者承认组织间的关系是协同和冲突的统一，但是目前无论是围绕组织间关系选择动因、机制，还是组织间关系形成的形态和目标等方面的研究成果，大多集中于组织间关系的合作，强调网络嵌入性在供应链融资绩效提升当中的关键作用，而忽略网络当中关系选择的探讨，同时对不同组织所处环境差异的动态考察还较为缺乏。诚然如 Granovetter[61]的研究成果所述，个人和组织是存在并嵌入于社会网络当中的非独立个体，因而个人与组织、组织与组织之间的关系必然是相互制约和相互影响的。尤其对于身处供应链网络当中的企业而言，其作出任何一个决策都需要对基于组织间关系管理的结果进行评估，对于伙伴选择与关系管理的研究也需要整合在一个框架当中，并提出一个更能够体现组织间关系资源和自身能力的综合理论框架。

3.2.4 网络能力差异视角下的关系资本转化效率

基于资源基础观提出的“资源”和“能力”的概念是企业竞争优势获

取的重要来源，然而对比“资源”和“能力”的差异来看，两者对企业获取竞争优势的方式和贡献度却并不相同。具体来讲，“资源”是一个企业拥有的并且能够被控制的价值存量，而“能力”则指的是企业具备的能够对自身价值因素进行配置、整合和利用的一种行为方式。两者都能够使企业获得竞争优势，但资源的概念属于一种静态观，而能力则更加反映在企业的行动当中。即，资源是需要外力作用方得以激活，进而表现在企业绩效当中的一种静态因素。企业通过对资源的利用，形成经济租金，进而实现竞争优势。而能力则反映了企业对数据信息等方面资源的应用方式或技能，是实现企业间的资源交互与协同发展的重要方式，更是发挥企业“静态”资源的动态配置手段。基于资源观的观点，如果将资源视为企业运作当中输入或输出的元素，那么能力则是对这些“静态”资源进行加工、配置以实现其转化为绩效的催化剂。

在本书中，关系资本被定义为企业在供应链关系网络当中有价值的关系资源，能够产生关系租金并为企业获取竞争优势作出重要贡献。但要明确的是，并非所有的企业关系都能够为企业创造超额利润，以关系资本为基础要素展开价值创造的回报较低时，将会为企业的社会化投资带来一定风险，因而并非所有资源都能为企业提供关系租金，尤其是对于中小企业而言，其获取的大量资源还需要与其运用这些资源的能力相匹配。

企业关系资本促进供应链金融业务运作的流程可视为以关系资本为基础的核心企业关系租金溢出的过程。当企业在关系转化能力方面存在差异时，由于其在网络中扮演着不同的角色，导致其获取发展所需的关系资本也有一定差异，这就导致企业在成长过程中面临着机会获取与价值实现的不同状态。根据资源观对于上述内容的解释，企业在与合作伙伴的交易过程中，网络能力将在其中发挥重要的作用。由于企业网络能力是整合、配置和利用资源以获取竞争优势的能力，从其概念内涵当中可以分解出两个方面的内容：一是网络能力的培育能够激活关系资本的潜在价值。由于关系资本是嵌入在供应链这一网络结构当中的资源，因而企业网络能力的提升就意味着企业能够更好地利用关系资源，发挥企业间关系租金的价值，进而为企业获取竞争优势起到作用。二是网络能力会影响企业间关系租金的分配过程。由于网络能力水平的差异会导致企业关系租金的价值配置，而能力观的核心观点指出，决定企业竞争优势的关键在于企业能力间存在的差异性。因而，企业的能力体现了企业重复执行生产任务的一种功能，其会对企业的投入和产出的转化效能起到影响，基于网络能力的培育，企业可以从中获取相应优势、创造超额利润。相较于大型企业，中小企业的发展与竞争优势获取更加依赖于其网络的整体发展。从传统社会网络的视角来分析，不难发现，供应链金融业务运作将借助于社会网络交易当中形成的“软信息”，因此，企业：一方面需要充分利用自身资源努力去构建关系网络，另一方面还应该加强网络能力的培育，从而更好地帮助企业将静态资源转化为绩效，以构建自身的优势。同时值得注意的是，供应链上的伙伴企业具有良好的合作性还能更好地实现企业间的资源整合，进而企业间的各种业务合作绩效也会有进一步的提升。

总的来看，在供应链当中，高网络能力企业与低网络能力企业对资源的利用程度差异明显，较高网络能力的中小企业可以形成更为丰富的交易关系。这些企业在关系管理过程中及外部关系构建等方面体现出更高的效率和活性，在既定关系资本积累的过程中也会实现更高绩效。因此，有必要将资源与能力纳入同一个框架里展开相关研究，以便进一步揭示企业间关系资本转化效率的边界条件，为企业发挥资本优势提供有力证据。

3.2.5 供应链复杂化发展情境下的融资绩效提升

随着经济全球化进程的发展，对供应链管理的范围和规模提出了更高要求。供应链网络作为一个开放的经济系统，存在着大量的信息交互，这意味着，在供应链网络当中的企业将会面临激烈的竞争。企业所处外部环境越复杂，对其自身获取信息并将其解释、利用的能力要求越强[138]。

在供应链复杂化发展的趋势下，企业认识另一个企业的时效性将会被相应缩短，这也相对降低了企业与外部伙伴间的沟通质量。一方面，在供应链网络当中，企业面临的信息来源众多，需要处理的信息量也逐渐增加，因而通常需要其运用可靠的工具或足够的时间消化信息。另一方面，伴随着市场发展，企业间信息交互的方式也逐渐多样化，企业面临了内外部的双重“不确定性”与“复杂性”。作为嵌套在供应链当中的金融业务，供应链金融业务的运作变得更加复杂，涉及的参与方也逐渐增加。鉴于供应链金融业务开展涉及多个参与者，因而随着企业竞争边界的逐步外扩，企业价值获取与创造的双边合作情境也延伸至涵盖多个成员、多个网络的多层次关系管理的情境当中，供应链金融绩效的改善也对节点中小企业的资源与能力提出了更多要求。网络当中合作关系产生的剩余价值分享创造了企业的关系资本获取。组织间形成的合作关系网络是关系资本产生的基本条件，而网络则是关系资本存在的载体。有交易才有关系，有关系才会形成关系资本。同时要明确的是，关系资本的存在并非企业基于单次合作就能够形成的，需要企业长期联系组建并积累，其是企业间多次博弈后的资本“成果”。关系资本之所以从关系观提炼出来单独探讨，是因为其能够给企业带来资源，并具备将关系资本转化为现实或潜在收益的能力。

供应链复杂性是供应链网络的特征变量，其特征的变化与供应链融资业务的获取密切相关。当供应链趋于复杂时，核心企业周围围绕的中小企业数量会增加，这时，中小企业获取供应链融资不会仅因为信任等强联系关系的存在而提升，反而可能会由于供应链的复杂化发展削弱既定关系下资源积累对于供应链融资获取的促进作用。另外，伴随着市场竞争程度的加剧，企业间基于金融业务的信息交互也会变得更加复杂，结合供应链金融业务的应用也将使企业面临多方面的“不确定性”。本书从供应链复杂性的发展趋势出发，从关系资本转化为融资绩效的作用路径入手，重点剖析供应链复杂性的二阶、三阶调节作用，以便分析供应链视角下，企业融资绩效提升机制的下述问题：一是供应链复杂性发展趋势是否会影响供应链融资业务流程？二是当供应链趋于复杂时，供应链节点上的中小企业通过关系资本积累获取供应链融资的效果是否会受到影响？三是企业提升网络能力是否能够应对供应链复杂化的发展趋势？

3.3 概念模型初步构建

基于上述对于供应链伙伴特性、关系资本及供应链融资绩效的提升机理研究，并结合网络能力差异视角下的关系资本转化问题的理论研究内容，本书构造出初始概念模型，如图3-3所示，用以挖掘供应链复杂化发展背景下，供应链上的伙伴选择对于供应链融资绩效提升的促进路径，以及供应链复杂化发展背景下企业网络能力提升的边界效应等问题，以期为中小企业缓解融资困境、提升融资绩效提供更多理论支撑。

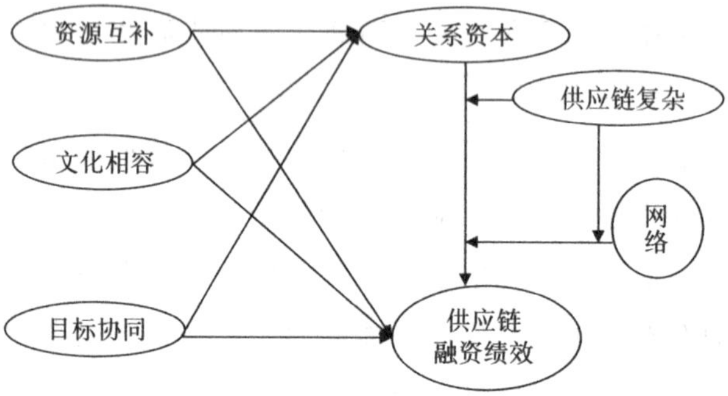

图3-3 概念模型的初步构思

Fig 3-3 Preliminary Conception of Conceptual Model

3.4 本章小结

本章明确提出全书的研究情境与科学问题，并对概念模型构建的基础理论模型进行了介绍，提出研究思路，结合供应链复杂化发展的研究情境，构建本书的初始概念模型，并提出网络能力提升、供应链复杂化发展态势对关系资本转化效率的影响，以期通过充分的理论推导，打开伙伴选择对供应链融资业务运作的“黑箱”，为后续研究假设的提出提供一定理论支撑。

4 研究变量界定与假设提出

4.1 研究变量界定与维度划分

4.1.1 供应链伙伴特性

选择合适的合作伙伴，是保证企业间顺利合作的先决条件，对合作伙伴达成共识、制定并实现战略目标具有重要意义。在供应链网络当中，如果企业间缺乏兼容性和互补性，那么双方在合作过程中的任务执行、业务运作将会经常发生冲突。相反，选择高质量的合作伙伴，一方面能够改善企业的供应链网络结构；另一方面，在促进供应链节点企业间合作“活性”的同时，还能有效抑制冲突等不利因素的产生。供应链伙伴特性的提出，最早源于构建联盟伙伴时的选择问题。由于联盟本身是一种合作行为，因而在企业构建联盟之前，一方面要考虑合作伙伴间的特性，同时还需要考虑企业联盟依赖的规则问题。同样的，在供应链当中，任何企业都不可能在所有类型的资源、能力当中具备优势，即使是同类资源，在各类企业当中也表现出很大的差异，因此就需要从众多企业当中寻觅具有能力或资源等方面互补，并在运营过程中能够与其兼容的合作伙伴展开合作，这也是企业得以获取竞争优势的关键所在，更是本研究得以开展的重要“出发点”。

基于此，本研究聚焦于供应链节点企业的伙伴识别要素——伙伴特性展开讨论。首先，对供应链伙伴特性加以明确并界定。在此需要说明的是，本研究提到的供应链伙伴特性是基于焦点核心企业对合作伙伴选择的特征分析，这一点与当前现有供应链伙伴特性内涵中基于供应链得出的供应链伙伴特性并不完全相同。鉴于伙伴选择的重要性，本研究将供应链伙伴特性视为嵌入于供应链之上的中小企业与核心企业间的一种基于互补、兼容性等方面的匹配度属性，是供应链节点核心企业选择中小型合作伙伴的依据。基于本研究对于供应链伙伴特性的内涵界定与维度划分的分析，结合供应链网络当中企业间的合作关系属性及供应链融资获取的实践背景，本研究具体将供应链当中的企业间伙伴特性归纳为资源互补性、目标协同性、文化相容性，这三个方面的关系特征相辅相成，体现了中小企业与核心企业间关系兼容性与互补性的不同构面。其中，企业间的资源互补体现了合作关系建立的内在动机，如若合作的企业双方从合作之初就能够朝着共同的方向努力，那么在之后的合作中将会更加顺畅地展开交易，否则将会导致交易双方“貌合神离”，最终形成“分道扬镳”的结局。

其次，文化的冲突容易导致合作双方产生相互对立的情绪，而企业间的文化相容则有利于供应链上的合作伙伴营造良好的合作氛围，从而使合作双方更容易实现沟通，并避免冲突的发生。

最后，企业之间目标的协同易于使企业在合作中构筑共同的发展目标，从而形成较为稳定的合作关系，使合作双方向着共同的发展方向前进。由此可见，资源互补性、文化相容性及目标协同性这三个维度均为供应链伙伴特性的关键要素，三方面互为补充，从不同的构面为供应链伙伴特性这一整体构念发挥各自的作用。

（1）资源互补性

资源基础观理论明确指出，企业能够通过资源获得竞争优势，该理论强调企业对外部环境当中存在资源的利用。而资源依赖观的发展使企业进一步意识到外部资源获取的重要性。两个理论的结合，构成了本研究所涉及的资源互补性的中心观点：一方面，企业需要具备一定的资源，以打造自身独特的竞争力；另一方面，企业之间在自身资源的基础上，更要获取外部合作者的差异性资源，以此弥补自身资源缺失，获取综合竞争力[139]。

对于组织资源的划分方式，较为主流的观点指出，可按照资源形态，将企业资源划分为有形资源和无形资源，其中，有形资源可为企业带来“李嘉图租金”，而无形的资源积累则会为组织创造“熊彼特租金”。国内外大量学者从资源基础观、资源依赖观的角度出发，对资源互补性的内涵和作用效果展开研究。例如，Shyh 等[39]指出，资源的互补性主要指合作双方能够在资源、技术上形成互补，进而使合作双方能够在资源上实现共享。叶飞和徐学军[40]同样指出，资源互补性是指供应链上的交易伙伴在资源、技术或市场等方面形成的互补，能够为合作双方提供独特、与众不同的资源。

由于供应链上合作的企业会拥有不同的资源（主要包含战略、市场和人力资源等方面），这些资源会潜在地组合或者重新配置，从而创造单个企业所不能获得的价值。从经济学的视角来分析企业间资源互补性的定义，可以总结发现，当一种资产的数量增加进而带来另一种资产的超额回报时，两种资源可被称为“互补性资源”。而当不同的资源有效组合在一起时，将会创造出“1+1>2”的效果，这也是本研究指出的企业间存在资源互补性时创造出来的价值。基于此，本研究将资源互补性定义为：合作伙伴间相互提供的独特资源的匹配程度，包括能力、知识、信息、技术等资源的互补水平。

（2）文化相容性

企业的文化，顾名思义，就是指企业员工所共同存在的心理程序。而企业文化的差异则意味着合作伙伴间存在不同的价值观以及不同的管理行为。企业文化的差异，便是企业文化冲突的根源所在。由于企业文化是企业全体成员应遵守的共同认知，因而，对企业员工的工作态度和行为产生了巨大影响。由于组织文化是在不同环境当中产生并发展的，因而不同企业间的文化形态具备不同的特征。在对合作伙伴的特性描述中，基于文化方面的融合，学者们均提出了各自的观点。例如，徐梦丹[43]将合作伙伴间关于文化的匹配程度表述为文化的相容性。作者认为，文化相容性主要反映了企业在文化价值的观念、经营的理念以及发展战略模式等方面并不存在显著的冲突。陈伟和张旭梅[44]同样认为，供应链上伙伴间的特性包含文化的相容性，并指出文化相容性是企业在价值观、管理风格、经营目标和理念等方面具有相似性。当然，还有学者将"文化相似性"作为供应链伙伴特性的维度之一，但其内涵与文化相容性基本一致。例如，江城诚[140]认为，企业文化相似性可以作为衡量供应链上伙伴特性的维度之一，并指出文化相似性是供应链上的合作企业在企业文化、战略理念、管理风格和经营理念等方面的相似性。

由于不同的企业会有不同的文化，合作企业间不可能有完全一致的企业文化，但文化方面的相容性能够使企业沟通更加顺畅，并避免冲突产生。一个组织的文化观念支配着组织内所有成员的行为和观念。因而，基于供应链网络上各节点企业合作时的特定情境，本书将供应链节点上合作双方关于文化方面匹配的伙伴特性命名为文化相容性，研究主要聚焦于合作双方组织文化间的功能与外部适应性两方面内容，并将供应链伙伴间的文化相容性定义为：供应链节点中小企业与核心企业间对彼此价值观、理念和行为态度等方面的认同、包容和适应的程度。

(3) 目标协同性

众所周知，一个成功的合作必然是建立在双方具备不冲突的目标之上。如果企业间没有相互适应的目标，将打破企业间的合作理由。从企业的经营目标来看，供应链网络当中不同的企业在合作过程中会存在两种不同的目标，一是企业各自的目标；二是完成合作任务所需要实现的预期目标。当前，基于供应链伙伴间目标的一致化发展，学界提出了不同的观点。有学者指出，合作伙伴间的目标不可能完全一致，因而只要保持目标的协同发展即可。组织间目标的协同性并不意味着双方目标完全一致，而是要求交易双方对合作要达到的预期结果至少存在一个交集，在供应链金融业务的合作当中，则可以反映为不损害其他企业的利益前提下共享金融机构提供的贷款份额等。

在供应链节点企业各自的目标当中，由于企业本身资源禀赋存在差异，因而在供应链当中的不同企业都会存在不同的目标和使命，核心企业和中小企业必然会在发展当中存在差异化发展的目标。一般而言，中小企业的经营目标聚焦于如何更好地生存并寻求发展机会，而核心企业则主要聚焦于如何占有更多市场，这两者从本质上就存在目标的差异性。从长期来看，供应链合作的目标和企业的目标并非完全冲突，甚至，供应链的整体目标和企业各自的目标可以长期共存。供应链的目标有助于实现企业目标。叶飞和徐学军[40]指出，供应链伙伴特性当中关于合作双方经营目标匹配的维度可应用目标一致性来体现，其中，目标一致性是指供应链伙伴间具有相容的或共同的发展目标。虽然作者此处用目标一致性来描述合作伙伴间的特性，但是，从作者对于目标一致性的定义来看，其指代伙伴间具有“相容”和“共同”的发展目标，此处的目标一致性包含兼容性在内。高胜[54]的研究指出，目标兼容性能够更加清晰地反映企业的伙伴特性，这里是指“伙伴双方在竞争目标与战略目标上是否能够共存，而不起冲突，不是战略目标的完全一致”。

当前，关于供应链伙伴特性当中不乏有目标匹配方面的研究成果。有研究指出，合作企业间目标一致性是供应链伙伴特性间关于目标方面匹配度的衡量维度，但综合企业间合作目标方面的现实情况，并结合 Rackham[141]关于“目标连续带”这一概念的研究成果，本研究认为，供应链上的企业在合作之前双方目标可能会存在不同，按照目标连续带的思想推断，合作双方各自目标的不一致必然存在，而企业间目标是否冲突主要取决于双方之间是否反对对方的目标。鉴于此，要体现供应链上合作伙伴间的目标匹配关系，应用 Rackham 提出的“目标协同性”这一概念作为衡量供应链伙伴特性更为合适。鉴于此，本研究认为供应链网络当中的合作企业间基于目标的协同性体现在以下几个方面：

其一，合作双方各自的目标是互利且可以共存的。也就是说，企业间目标能够相互支持与促进，并且其中一方目标的实现有利于另一方目标的实现，双方能够通过合作更好地达到自己既定的目标。

其二，合作双方各自的目标与合作目标具备较强的兼容性，不存在相互冲突。在供应链上，核心企业与中小企业都有自身的发展目标，但在合作过程中会制定共同的合作目标，为了实现这个目标，两个企业不会在合作过程中产生冲突。

其三，合作双方对合作目标有着清晰的界定，并且能够理解在合作过程中为了实现预期目标时行为上的少许偏差，从而对合作目标具有一定的共识。

基于上述三个方面的内涵构面，共同形成了本研究对于供应链伙伴的目标协同性认知标准，当供应链上的中小企业与核心企业间目标的关系越符合上述三个方面的内容，那么双方之间的目标就越趋于协同。当然，上述三方面的内容均为理想意义的目标协同，在实际当中，供应链上的企业会由于存在多个合作伙伴组合，导致他们在目标协同的程度上有所差异，从而形成不同的协同性。鉴于此，本研究将供应链伙伴间的目标协同性定义为：供应链节点上存在合作的企业各自目标间互促互利，以及合作双方各自目标与合作目标兼容的程度。

4.1.2 关系资本

"资本"是体现经济增长的要素之一，网络经济时代下出现的资本概念，即关系资本。关系代表人与人之间的相处，组织与组织间的联系。在组织之间，关系的形成反映了企业间一系列显性和隐性的契约安排，关系资本则体现了关系的价值实现[142]。关系资本具有生成性，能够以等量或扩大的方式实现自身能力，各主体通过与其他利益主体进行合作，进而能够获得价值增值[143]。作为社会资本的重要维度，关系资本思想源头可追溯于早期关系契约理论当中的"关系型规则"概念内涵当中[144]。从当前学术界对于关系资本的界定与研究成果来看，虽然学者们对其定义与研究视角的出发点有所区别，但总的来看，对关系资本的定义大多是基于组织间的交流，形成的信任、尊重、承诺等企业拥有的关系资源，其强调合作伙伴间的关系形成与发展。同时，以往研究指出，关系资本具备外部性、动态性、主观性、网络性等多重属性，很难从一个属性的角度去解释关系资本的本质。因而，本研究认为需要从多个维度出发，整合关系资本的研究视角，从而全面揭示关系资本的功能及价值转换机制。

无论是实务界还是理论界，对关系资本的普遍存在与重要性都予以重视，其对企业获取竞争优势起到了重要促进作用，关系资本对企业产生的影响甚至具备很长的时效性，这也是对关系资本作用效果的一种深入认知。综合学者们对关系资本的定义，本研究将供应链节点中小企业积累的关系资本定义为：基于供应链节点企业间的合作与互动，形成的可利用的一类关系资源。通过整合企业积累的关系资本，能够促进企业间的合作绩效。当前，学术界对供应链节点上中小企业关系资本的聚焦，可将其解释为供应链上处于弱势的企业获取生存发展的先决条件。本研究将其视为企业伙伴选择的结果，获取供应链融资的前提，并将这些企业获取的有利因素作为“问题”进行聚焦，纳入上述两类研究要素（供应链伙伴特性和供应链融资绩效）的关系框架内展开理论研究，以“中小企业如何提升供应链金融业务的融资绩效”这一问题为导向，深入分析其在伙伴特性改善供应链融资绩效间的传导机理，既是对本研究主体范畴（供应链网络）践行价值的探究，又是对研究要素关系间的创新性探索与挖掘。

（1）信任

信任，源于社会学当中人与人之间相互给予的安全感，是社会交往秩序最集中的体现形式。早期，信任理论于19世纪末被德国的社会学家提出，随后在20世纪80年代得到广泛关注，基于信任理论的研究在社会学、经济学、组织行为学，甚至是心理学等多个领域蔓延。

作为关系资本最重要的衡量维度之一，信任的概念可以从心理学、社会学和经济学三个方面进行概括。首先，从心理学的角度来审视信任的概念，指的是个体对某件事发生的预期采取相应的行动，且这个行动将会带来的潜在弊端会比如果此事出现所带来的潜在利益更大[145]；其次，从社会学的视角来看，信任指的是个人对他人坚持履行自然、道德秩序的一种期望，其与行为者的预期、社会秩序等密切相关；最后，信任在经济学视角的概念，则主要从“经济人”的角度考察，由于经济学的基本假设为“人是自利的”，因而由于信息不对称的存在会在某种程度上导致关系的不确定性，只有当预期收益高于信任他人所带来的风险时，这种背景下，信任的概念就可体现为行为主体在衡量预期收益和潜在风险之后所作出的理性选择[146]。总体来讲，在从经济学的角度审视信任时，则更加关注信任的经济理性；社会学的观点则主要强调信任的社会理性；心理学的角度，即主要从人的心理角度出发进行相应概念界定。

长期以来，学术界关于信任的研究层出不穷，从个人间信任关系的建立，到组织间信任关系的确定与发展，都取得了广泛的研究成果。本书研究的要点在于，供应链上核心企业对中小企业的信任，综合社会学、心理学与经济学视角，并结合当前学术界对于供应链上合作企业间信任关系的概念界定，本书将供应链上核心企业对于中小企业的信任定义为：供应链网络当中的核心企业出于对另一方合作中小企业具有履行承诺的意愿和行为，且不会利用合作方弱点进而提高自己收益的一种理性选择行为。

(2) 承诺

承诺的概念最早来源于 Morgan 和 Hunt[147] 提出的承诺—信任内涵。其指出，企业间的承诺反映了企业为了在稳定自身发展的同时维护伙伴关系而做出的一系列努力与行为活动。基于上述观点，不难发现，企业间的承诺可以解释为企业为了维护合作关系的持续而进行的一系列努力行为。当前，学术界基于承诺展开了多方位的研究，对承诺概念内涵的研究也层出不穷。例如，Mohr 和 Spekman[148] 将承诺定义为，联盟成员企业为了维系合作关系而做出的努力程度。而 Wu 和 Cavusgil[149] 同样指出，企业间的承诺行为是双方为使关系延续的一系列企业活动，亦是成功实现长期合作的重要组成部分之一。还有学者将承诺拓展为“关系承诺”的概念，并指出关系承诺是指已具备发展稳定关系的倾向，并可以接受短期利益损失以维持长期关系的一种信心或行为。叶飞和薛运普[150] 指出，关系承诺是供应链伙伴间保持长期友好关系的关键因素之一，并将关系承诺细分为计算机式承诺和情感式承诺，应用实证研究方法分析了不同类型的承诺对企业间信息共享、运营绩效提升的促进作用。

企业间的承诺关系并非伴随企业的合作而产生，而是需要企业在交易中建立一定的规范。尤其是在关系网络当中，企业间的关系承诺则是建立在以关系嵌入为源头的社会网络当中，并且，承诺关系的形成要求企业间具备互惠与良性互动，这也进一步契合了关系资本来源于“社会资本”的这一理论基础。综合来看，承诺广泛存在于组织内和组织间合作当中，组织内的承诺被归纳为“组织承诺”，而组织间承诺被称为“关系承诺”。无论是组织内承诺，还是组织间的关系承诺，指代的均是一方期望将合作关系延续下去的一种行为体现，因而，承诺是供应链伙伴间建立稳定和持久的合作关系的重要因素之一，借鉴当前学者们对承诺的定义，并结合本书研究背景，从供应链视角出发，将企业关系资本的承诺维度视为：在供应链网络当中，核心企业为了维护与其合作的中小企业之间的长期合作关系而展开的一系列努力行动。

（3）沟通

企业间的沟通是企业合作过程中的一项关键合作行为。从管理学的角度来看，企业间的沟通可以被视为企业间信息传递、反馈的一系列交流活动[151]。基于此，可以分解出沟通的两个基本要素：一是沟通过程中涉及的个人或群体；二是沟通的内容，这些要素对沟通的效果有重要的影响。在企业合作过程中，企业为了能够获取关系租金产生潜在收益，就必须努力展开合作行为。由于沟通是企业间传递信息的行为，因而沟通可被视为企业为了实现管理目标，在履行管理职责、实现管理职能过程中的一系列有组织、有计划的沟通与互动活动，通过沟通，可以实现企业间多形式、多内容的信息传递与反馈。

企业间的沟通可划分为两种类型：一是合作型沟通，这种沟通方式是一种双方对所需要交流的内容采取基于合作的战略目标的合作方式，一般采取合作型沟通方式的组织在交流过程中都会以平和的方式表达自己的观点，进而通过交流实现共赢。二是竞争型沟通，这种沟通方式是一种争夺式的交流行为，采用竞争型的沟通方式时，企业大多从自身利益出发考虑问题，进而以自我利益高于合作利益的目标为导向，表述自身观点。但是综合来说，无论是何种沟通方式，都体现了企业间信息的交流与互动，并且在沟通过程中，企业能够更新自身当前的信息，明确市场需求。基于此，本研究将供应链上各企业间的沟通定义为：供应链节点上的中小企业，与合作的企业进行信息交流，使自身及对方及时获取市场、技术、产品等方面的信息，以满足自身功能提升需求的行为。

4.1.3 中小企业供应链融资绩效

当前，国际上对供应链金融业务的应用有不少案例，国内许多商业银行也基于中小企业的需求设计了一系列的供应链金融业务，但总的来说，国际和国内金融业对于供应链金融业务的应用不尽相同，实践上的重点也存在一定差异，因而，对于供应链金融业务也存在不同的理解。对于供应链金融业务的运用，国外的研究视角更加广泛，一般将其翻译为“Financial－Supply Chain Management（FSCM）”。Timme[152]的研究指出，供应链当中的企业能够和外部金融机构建立合作关系，从而共同达成供应链的整体目标。从Timme的观点不难看出，供应链金融，一方面强调金融机构与企业关系的建立；另一方面，供应链各节点企业间关系的建立，亦是实现供应链整体融资目标的前提条件。除此之外，Lamoureux[153]从金融生态圈的视角出发，指出供应链金融业务是结合企业生态圈当中资金、成本的优化，并嵌入成本分析与管理等各类融资手段而实现的。在对供应链金融业务的定义当中，国外学者还延伸至订单周期管理和运营资本管理等方面。国内学者对供应链金融的定义与相关研究，则主要侧重于供应链金融业务本身。例如，陈建中和肖甲山[154]将供应链金融称为“供应链融资”，并从国内实践出发，指出供应链融资其实是银行基于中小企业与核心企业的真实贸易背景，给予中小企业贷款的行为，这一业务能够很好地解决银企之间的信息不对称和道德风险。深圳发展银行则从供应链金融业务的实践出发，指出供应链融资是将供应链上的核心企业、第三方物流企业引入风险控制变量，银行运用自偿性贸易融资的信贷模式，对供应链上的中小企业提供“封闭性”授信支持的一项金融服务[155]。

鉴于供应链金融业务本身嵌套在供应链运作当中，信用交易成本会因大规模金融服务的形式有所分散，同时基于供应链上核心大型企业的参与，中小企业能够获得比传统融资模式更加灵活的贷款，从而实现了供应链各节点企业的多方共赢。参考当前基于供应链金融展开的研究，本书将供应链金融视为一项针对供应链当中的中小企业，基于企业当中流动性较差的资产，以这些资产未来确定的现金流作为还款来源的一种闭合性资金运作金融服务。供应链金融业务之所以具备一定的独特性，就在于其业务本身的流程、管理要素和结构区别于传统的银行信贷，它能够将物流运作、商业运作和金融管理集合为一体，通过业务运作，紧密结合交易过程中的买卖双方、第三方物流以及金融机构，一方面应用供应链上的物流网盘活链上的资金流转，另一方面应用资金拉动供应链上的物流活动。供应链融资绩效是对基于供应链开展的供应链金融业务运作“结果”进行评价，是一种根植于供应链上“资金流”运转的效果评价，对其衡量的标准则源于业务运作成本、周期和总量等方面的诉求。换言之，基于融资成本、周期和融资量视角下评判供应链金融业务运作效果的优劣性，将有助于供应链上节点中小企业缓解“融资难、融资贵”问题而展开融资活动的价值评判，这也正是本研究着重探索的问题所在。供应链金融业务的蓬勃发展受益于其能够改善中小企业的融资困境，提高中小企业的融资绩效。供应链金融旨在优化跨企业边界的融资行为，并能够达到降低供应链上的资金运作成本、加快现金流动的目的。在供应链金融业务运作的情境下，金融机构与供应链参与者的合作涵盖链上的流动资产和不动产融资，为了使用杠杆效应而获取最优资金成本的营运资本融资，以及为优化现金流周转而进行的资金流管理等。当前，学术界对中小企业获取供应链融资绩效的衡量方式展开了较为集中的研究。Gomm[156]认为持续时间、融资总量和资本成本率可以作为评价中小企业供应链融资绩效的标准。我国学者宋华等[157]从融资周期、融资量和资本成本率出发探求中小企业供应链融资绩效的衡量方式。之后，作者又应用大量的实证研究对中小企业供应链能力、创新能力，以及供应链上的供应链整合水平对供应链融资绩效的提升作用进行实证分析。

企业的融资绩效是指衡量其获取资金的效率。一般而言，融资绩效可以从可得性、持久性、成本和额度等方面来考量。由于中小企业获得供应链融资属于典型的外源性融资方式，因而，对于供应链上的中小企业而言，其获取供应链融资的绩效则主要可以从企业获取融资的成本、信用额度、期限以及可得性等几个方面综合衡量。综合学者们对供应链融资绩效的衡量方式，本研究从供应链的视角出发，将供应链融资绩效定义为中小企业获取供应链融资资金的效率和效能。对供应链融资绩效的衡量方式，本研究主要借鉴宋华等[157]对供应链融资绩效的定量研究方法，从中小企业获得供应链融资的周期、成本和额度三方面出发对融资绩效进行衡量。

4.1.4 网络能力

伴随着全球制造网络和模块化生产模式的发展，企业如何在网络当中实现企业间关系的多元化管理、获取更优质的资源，是企业面对的重要议题。为了能够在动态环境中获取竞争优势，企业网络能力的培育是不可忽视的重要环节。当前，学术界针对关系网络的研究普遍明确了企业网络能力是其获取核心竞争力的关键所在。大量研究成果结合“能力”“竞争力”等名词，探索企业发展优势的获取根源。早在1987年，Hakansson[158]将企业管理关系网络的能力命名为“网络能力”。他认为，企业网络能力是企业为了应对外部环境变化处理网络活动的一种综合能力。网络能力是企业核心竞争力的来源所在。与Hakansson的研究成果相似，Walter等[159]用“网络能力”这一概念归纳企业管理关系网络的能力，他们认为，企业的网络能力是其通过开发、利用组织间关系获取其他组织资源的一种关系管理能力，通过网络能力的培育，企业能够更好地利用其自身所处的网络资源。对于供应链网络当中的中小企业来说，其对网络当中关系资源管理、利用的能力亦可以总结至网络能力的范畴当中，原因归结于：首先，网络能力综合了企业间商业关系发展、维护的综合观点，一方面反映了企业二元关系的管理能力，另一方面又涉及其在整体网络层次站位的个人关系能力；其次，网络能力包括企业对新关系开发、维护的水平，同时还能够形成供应链节点当中其他企业的优质评价。基于当前学界对网络能力的概念内涵归纳，结合本书研究对象与研究侧重点，作者将中小企业的网络能力视为对企业关系资本转化的边界条件，它反映了中小企业处理、运用特定网络关系和资源的综合能力。

当前，大量学者对网络能力概念进行解构与研究，并发现企业的网络能力体现了其处理网络关系和提升网络位置的综合能力。但针对不同的研究背景，学者们根据自己研究需要给出了基于网络能力的不同界定。例如，Walter 等[159]认为，网络能力是企业开发、利用组织关系进而获得其他组织资源的一种能力，这种能力的培育使企业能够更好地利用日益多元化发展的网络进程。Ritter 等[127]则从微观角度出发探求网络能力的内涵，并指出网络能力是企业发起、维持并运用网络关系获取竞争优势的能力。我国学者李纲等[160]基于我国企业的服务创新发展情况，将网络能力归纳为企业通过识别外部网络的价值和机会，从而深层次发展、维护、管理关系网络的能力。张宝建等[161]的研究认为，企业网络能力可以被视为企业应对外部环境的一种主观能动性体现。综合上述论点，本研究认为企业网络能力是整合供应链网络当中可利用资源，从而使企业获取竞争优势的一种关系管理能力。在本研究当中，中小企业的网络能力提升将被分解出以下两类综合效用：一是通过网络能力的培育提升企业对现有关系的运用效率；二是对企业获取关系租金价值的投入与产出转化效能产生影响。为了提升研究的理论与实践价值，本研究将中小企业网络能力培育的内涵与外延拓展至调节效应研究的范畴当中，重点关注网络能力培育对资本转化效率的影响，强调网络能力可以作为提升中小企业关系资本转化为融资绩效的调节因素，以期进一步解释为何获取一定的关系资本有时仍不能提升融资绩效这类问题的“病灶”所在。

网络能力概念的提出来源于企业日益网络化发展的复杂生存环境，网络能力的培育集中于强调企业如何通过利用网络关系进而获取竞争优势的过程。早期管理过程学派将网络能力归纳为三方面内容：识别网络当中的价值、塑造并改善网络位置、协调并利用网络关系，进而实现网络资源的获取与整合，促进网络演化。基于此，不难总结得到中小企业的网络能力可以被形容为其识别网络价值、改善自身网络位置并利用网络关系的一种动态能力。对于供应链网络当中的中小企业来说，其网络地位较核心企业而言较差，且由于自身资源缺乏，无法在网络当中获取优势[162]，因而，针对中小企业网络能力的研讨相较核心企业而言更加必要。总的来讲，企业的网络能力是指企业利用外部网络的资源，进而改善并利用网络关系的一种动态能力。对于供应链网络当中的中小企业来说，其网络能力的构建则更倾向于综合管理自身关系网络的一种能力培育。因此，基于上述学者的研究成果，本研究从供应链网络内中小企业的角度出发，结合外部视角及动态能力的相关内容，将中小企业的网络能力定义为：企业明确感知合作伙伴需求、识别自身资源存量，合理管理关系组合、整合关系资源，以产生最佳协同性，并基于合作伙伴需求规划自身未来发展方向的能力。

4.1.5 供应链复杂性

众所周知，供应链管理目标包含局部最优和整体最优两个方面。在市场环境日趋复杂的背景下，企业面临着更大的压力和经营风险，相较于稳定的市场环境来说，在供应链复杂化发展的进程中，同样的管理措施所产生绩效的不确定性也会相应提高，进而，增加了供应链管理工作的难度。“复杂性”一词已在物理学、哲学、工程学和管理学等诸多领域内被讨论，它体现了系统流程中元素的结构和元素交互的方式[163]。对于现实社会当中的企业来说，面临的复杂性也在不断提升。Wilding[164]的早期研究指出，供应链上的企业与外部环境交互形成了一种复杂性系统，而这一概念有别于不确定性，其反映了系统当中各元素相互作用的程度和种类，可以用“多数量性”“多样性”体现。

当前，学术界与理论界已经达成共识，对于供应链的管理内容已转化为管理供应链的复杂化发展态势。同时，针对供应链复杂性的研究已成为学术界关注的新焦点。早期对供应链复杂性的研究指出，供应链复杂性体现的是供应链系统当中元素交互的程度和类型。随后，部分学者针对供应链复杂性展开了多维度的研究，Bozarth 等[165]将供应链复杂性划分为两个维度和三个层次，细节复杂性和动态复杂性反映了供应链复杂性的两个维度，而需求、供应和生产复杂性则反映了供应链复杂性的三个层次。其中，细节复杂性是由于供应链当中零部件组成系统的差异造成的，而动态复杂性则是由于系统组成部分、种类和数量较多，致使系统难以准确预测输入和输出两方面信号。而三个层次的供应链复杂性则反映在需求复杂性、生产复杂性和供应复杂性三个方面，其中，需求复杂性是由于客户数量上升而导致的需求差异化程度提升的结果，具体包括顾客数量、需求差异化程度、产品生命周期以及顾客需求变化四个方面的内容；供应复杂性则体现在供应商数量增加导致的信息流、物流和关系管理数量增加；生产复杂性则可以用产品种类、加工过程以及计划并控制系统的复杂程度和动态复杂程度来衡量。不同于 Bozarth 对供应链复杂性的划分方式，Isik[166]从内部、外部两个视角出发，应用数量、多元化、相关性、变异性、不确定性和多样性六个指标分别衡量供应链复杂性，其中数量指的是零部件和原材料多少，多元化指代顾客的多样性，相关性指代产品线之间的相关度，变异性则反映顾客偏好的变化情况，多样化指产品生产过程的不稳定性，而不确定性则指信息或者知识的来源不确定。除上述几个学者对供应链复杂性的详细划分外，还有学者从运营管理的领域定义供应链复杂性，并指出供应链复杂性包括五个方面：一是供应商关系数量；二是供应商差异化（规模和技术）的水平；三是供应商递送的提前期以及可靠性；四是全球化采购的数量；五是供应商内部的关联程度。这五方面的综合水平越高，供应链复杂性程度也就越大。

无论是社会、企业界，还是理论界，对供应链“复杂性”的存在对企业造成的压力从未回避，同时指出，这些压力蕴含着很大的潜在风险，而且其产生的一系列连锁反应将对供应链节点各个企业甚至整个网络组织的业务运作产生影响，这也是本书对供应链复杂性予以关注的原因所在。在此要再次明确的是，供应链网络是多条供应链交互形成的复杂网络，在网络当中存在多个业务单元，网络当中的成员会相互影响。鉴于供应链复杂性的内涵较为复杂，在本研究当中，由于供应链复杂性仅作为情境变量，因而将其简单地界定为：由于供应商、客户等的数量增加，进而引起信息流、物流和企业间关系管理数量的提升。当然，本研究并非集中对供应链复杂性的消极因素和积极因素进行评判，而是将其作为情境因素，以考虑供应链复杂性提升背景下供应链金融业务运作中受到的影响作为“问题”的焦点，借用管理学中的研究范式和方法，将其置于高阶调节的研究框架内，深入探究供应链复杂性的作用效果。供应链复杂性是供应链复杂化发展的基本特征，供应链网络化的复杂结构则是供应链复杂化发展的产物。基于供应链的复杂化发展态势和背景，结合学者们对供应链复杂性的定义，本研究将供应链复杂性界定为：由于供应商、客户等的数量增加，进而引起信息流、物流和企业间关系管理数量的提升，具体从上游复杂性、下游复杂性和生产复杂性出发，衡量中小企业所处供应链网络的复杂程度。

另外，为了避免与供应链不确定性的概念和维度混淆，本研究参考周驷华和万国华[167]的研究方法，对供应链复杂性的衡量仅考虑静态复杂性。综上所述，当前学术界围绕供应链复杂性展开的情境研究尚处于初步阶段，大量基于供应链复杂性的研究还集中于对其特征、内涵等方面的质性挖掘，而非定量分析。定量测量供应链复杂性并分析当前复杂供应链关系管理等问题成为学界关注的新焦点。由于本书的研究重点聚焦于供应链伙伴特性、关系资本对供应链融资绩效提升的作用机理，其中供应链属于研究主体范畴，因而，本书将供应链复杂性作为研究情境，将供应链伙伴选择作为发挥中小企业各项资源获取能力的源头，通过一系列理论论证与实证研究获取研究结论，正是在研究供应链复杂化发展趋势下中小企业如何提升供应链融资绩效这一问题的价值所在。

4.2 供应链伙伴特性、关系资本对供应链融资绩效的影响及假设提出

4.2.1 供应链伙伴特性对供应链融资绩效的影响及假设提出

（1）资源互补性对供应链融资绩效的影响

企业资源观指出，企业获得竞争优势的源泉在于其自身具有稀缺、不可模仿并难以被替代的资源，一方面企业自身在创建时就具备了一定的优

势资源，另一方面其他企业具备的互补性资产则满足了企业获取竞争优势所需战略资产的一系列补充条件[168]。由此可以看出，企业为了谋求发展，通常会寻求具备自己所需资源的企业进行合作，同时也会与一些拥有特定资源的企业展开合作。基于资源依赖理论的观点，企业会与那些具备互补性资源的企业建立长期合作，以持续获取合作伙伴所拥有的资源，进而保持自身竞争优势的延续。当一个企业获取资源的成本较高的时候，企业就会通过寻求合作，将其他企业的资源加以整合、利用，进而创造新的价值。在这种情况下，合作企业将更容易形成协调与资源共享，实施机会主义行为的动机也会有所减少。因此，企业间资源互补性的存在不仅是企业建立合作伙伴关系的原因，亦是防止企业交易过程中发生机会主义行为、保证战略联盟绩效的重要原因[169]。

供应链节点上企业间资源的互补，不仅有利于企业间形成互相依赖、共谋发展的局面，还可以促进企业间的协同合作，进而提升整个供应链的竞争优势[170]。当合作企业间的资源互补性比较高的时候，企业间的资源整合将会更加顺畅，此时一个企业的“产出”便会成为另一个企业的“投入”，这种现象可以称为“互惠型的相互依赖”。Gadde 和 Snehota[171]的研究指出，当供应商拥有制造商欠缺的一系列核心技术或能力时，合作双方将产生高度深入的关系，这种高度深入使得供应链伙伴间的信息系统得以无缝对接，从而，企业间能够掌握对方企业较为全面的信息。

在供应链融资业务开展的背景下，如果中小企业能够与核心企业间存在较高的资源互补性，一方面，会有利于企业间展开更加畅通的信息交流，核心企业能够基于供应链金融业务的开展掌握并提供更多中小企业的基础运营信息，以及全面、详细的贸易信息；另一方面，资源互补性的提高也削弱了企业间机会主义行为的发生概率，从侧面降低了企业违背契约的概率，核心企业的信用也会辐射至中小企业，从而提高中小企业的信用，以便于供应链融资业务的开展，进而提升中小企业的供应链融资绩效。据此，本研究提出如下假设：

H1：资源互补性对供应链融资绩效存在正向促进作用。

（2）文化相容性对供应链融资绩效的影响

供应链节点中小企业与核心企业间的文化相容性，反映了企业之间对于彼此价值观和行为作风的认可与包容程度。当组织间文化具备较强的相容性时，供应链整体的运作目标将演化成为各节点企业间的分目标，进而会将节点企业的个体行为延伸成为整体行为。在这种背景下，各节点企业的行为将会“化零为整”，并且企业间的利益也会联系在一起，形成供应链的整体协作。

同时，相融的企业文化有助于消除合作过程中产生的隔膜，对促进企业间的认同感具有积极的作用。据 Swoboda 等[172]基于德国中小企业联盟成功的影响因素研究成果发现，文化的匹配程度越高，企业间联盟成功的可能性就越高。Cummings 和 Teng[173]在研究中发现，具有合作关系的企业间会存在相似的文化和价值观系统，这样的认知系统建立将有利于企业间的互相理解，降低了冲突发生的概率，使企业的合作方案更易于朝着预期目标前进。而 David 等[174]通过对国际联盟企业间的调研发现，企业间相似的组织文化将对企业间互动的有效性和满意度产生促进作用。除此之外，还有大量学者通过实证研究验证了不同组织间的合作绩效会由于文化的相容而提升合作绩效。例如，苏晓梅[175]验证了供应链伙伴间的文化相容会提升供应链的绩效，而不相容的文化亦会导致较低的合作绩效。

企业文化具备极强的凝聚作用，因而企业间文化的匹配性将会推动企业的合作行为。在供应链当中，节点中小企业与核心企业间具有较高的文化相容性时，能够更容易被核心企业接受，有利于两者贸易关系的开展。此时，由于供应链融资业务的开展依托于供应链上的核心企业对中小企业的认同与帮助，当企业之间的文化认同增强时，核心企业会倾向于为这类中小企业提供担保，进而中小企业也能够在交易过程中获得更高的合作绩效与生产绩效，这一系列综合绩效的提升对于中小企业供应链融资的申请与融资绩效的提升具有一定积极影响。同时，整个供应链当中如果企业文化认同感较强，那么企业所处的供应链生产绩效也会较高，这也间接提升了整个供应链的竞争力。因而，处于供应链上的中小企业就更易于获得供应链融资，融资周期、资金成本也会因为自身所处供应链实力的整体提升而获得改善。据此，本研究提出如下假设：

H2：文化相容性对供应链融资绩效存在正向促进作用。

（3）目标协同性对供应链融资绩效的影响

在供应链运作的过程中，每个节点企业都是具有独立经济利益的主体，单个企业的经营目标从根本上说即为利益最大化。为了能够与其他企业合作，企业的经营决策将变成双目标式的决策，一方面要满足自身利益最大化，另一方面还要满足供应链整体的要求。

当供应链上的合作伙伴基于高协同的目标展开合作时，就会形成一种互利互惠的关系。Pelton 等[176]的研究发现，较高的合作绩效一般始于一个清晰并被双方接受的目标，很多失败的合作关系都在于缺乏共享的目标。据此，成功的联盟必须基于兼容的目标，当供应链上的企业间基于目标具有较高的协同性时，有利于双方形成互利互促的合作关系，进而促进中小企业的供应链融资绩效提升。究其原因在于：首先，企业间一旦形成了相互兼容的目标，此时合作双方间的依赖程度也会有所上升，进而提高了合作伙伴想要维持长期合作关系的意愿，并会为了达成目标而采取有利于现实的行为，这些互动行为反映在供应链融资业务当中时，表现为核心企业对于中小企业供应链融资业务运作时的信息提供、担保等帮助。其次，从交易成本的经济学理论角度来看，供应链上的企业在与其他企业制定契约时是有成本的，而供应链中组织间的协调成本就是企业与其他企业建立、维持双赢关系或者顺利完成交易过程中协调运营产生的成本。从供应链金融业务的焦点核心企业的视角来看，选择、评估和改善与其他合作者间的关系都需要承担协调成本，如果协调成本较高，或者焦点核心企业投入的精力不足，那么就会造成目标不一致，进而导致整个供应链金融活动难以持续。

因而，伙伴间目标的协同，可以体现为企业间具有一个相互理解、接受的共同目标。在此背景下，合作双方都不会愿意通过机会主义行为或其他不受欢迎的行为来破坏双方建立起的“共赢”目标。在供应链当中，一旦中小企业与核心企业建立了共同的目标，为了实现共同的目标，核心企业也会针对兼容的目标进行“关系”投资，此时，不仅企业间合作绩效能够得以提升，中小企业也会因与核心企业目标兼容获得既得利益，提升自身在供应链当中的竞争力。从而，在供应链融资业务获取时，也较易于获得周期灵活、资金成本较低的融资。据此，本研究提出如下假设：

H3：目标协同性对供应链融资绩效存在正向促进作用。

4.2.2 供应链伙伴特性对关系资本的影响及假设提出

(1) 资源互补性对关系资本的影响

资源基础观理论指出，企业成长、获取竞争优势的关键在于对资源的掌握，当企业自身资源不足以满足企业发展需要时，将会促使企业从外部关系网络中寻求具有互补性资源的企业展开合作。选择具有互补性资源的企业进行合作，是供应链上核心企业对与其合作的中小企业筛选的标准之一。当中小企业具有一定的互补性资源时，其与核心企业间基于合作的成功预期将得以提升，进而使企业积极投身到合作当中。供应链上的企业在合作过程中，企业间资源的互补能够使合作双方凭借彼此的资源达到优势互补，这时，任何一方作出的贡献都能够为对方实现发展目标产生助力。如果从供应链的角度来说，中小企业对于核心企业资源和能力的互补能够使双方资源的组合实现优化，在合作过程中任何一方贡献的资源都能够使对方的边际效益递增。

关于组织间资源互补对于企业关系资本积累的促进作用，学术界形成了较多研究成果。学者们从多个维度出发验证了企业间资源互补性的提升对伙伴关系的促进作用。例如，叶飞和徐学军[40]应用我国珠三角地区的制造业企业调查数据，验证了供应链伙伴间资源互补性的提升将有利于提高彼此之间相互信任的水平，并同时能够显著促进企业间关系承诺的形成；之后，高胜[54]选择物流企业为研究对象，验证了物流企业间的资源互补性对于企业间信任与承诺维度具有显著的促进作用。上述这些研究成果无疑都验证了企业间资源存在互补时，有利于伙伴关系的稳定发展。同时值得注意的是，沟通是在关系企业间进行信息传递、交流与共享的过程，当企业资源的互补性较高时，能够提升企业间的合作效率，进而双方便能够轻易地实现信息共享，实现高质量沟通。

综上，本研究提出如下假设：

H4：资源互补性对关系资本积累存在正向促进作用；

H4a：资源互补性对信任存在正向促进作用；

H4b：资源互补性对承诺存在正向促进作用；

H4c：资源互补性对沟通存在正向促进作用。

（2）文化相容性对关系资本的影响

组织文化是企业价值观的体现，是组织实施战略决策的行为准则，其支配着组织的行为。由于组织文化是在一个特定的环境当中形成的，因而不同的组织往往基于文化具有不同的文化“特性”。Stiles[177]的研究指出，组织间合作的成功与否在很大程度上取决于伙伴间文化的相容性，与文化方面匹配度较高的企业合作，能够提高企业间对于冲突的容忍度，降低合作关系破裂的可能性。

只有保持组织间文化与战略的一致性，才能使供应链当中的信息保持高效流动。当前，关于组织间文化相容性对关系资本的促进作用，大量研究验证了此观点。例如，Smith、管玉娟和黄光球[178]研究发现，组织间文化相似性较高时，双方就更易于互相了解和沟通，从而增加了彼此的信任感，或者说，组织间文化的差异性将会影响彼此的关系形成。Capello[179]认为，企业间文化的邻近性是关系资本存在的基础，相类似的企业文化有助于降低合作过程中由于思想观念不一致而导致的冲突与相互猜忌的产生，进而有利于提升企业间的信任。同时，企业间的文化融合性较强，会有利于双方基于相似的价值观、工作作风和经营理念提升企业间沟通的意愿，进而实现承诺。Lavie 等[180]研究发现，在联盟当中，相容的文化能够促进企业间具备相似的价值观和经营理念，从而增加联盟企业间相互沟通的意愿。Sarkar 等[36]指出，组织间相容的文化价值观就像是一种“社会关系粘合剂”，是推动组织间关系发展、形成良性社会互动的关键要素之一。Roberta 和 Alessandra[181]则指出，关系资本既反映了组织通过互动、合作同时交换技能的能力，同时可以被衡量为市场、权力以及企业间合作关系的综合体。

总的来讲，企业间的合作往往具有不同的价值观和合作背景，双方的顺利合作，必须要建立在有效的沟通上，同时拥有相似的价值观[182]。在供应链网络当中，中小企业与核心企业基于一定兼容性的组织文化进行合作，有利于企业间形成相似的价值观与运营方式，推动企业间沟通的意愿产生，从而增加彼此的信任程度，使企业间沟通更加顺畅，进而实现企业间关系资本的持续积累。综上，本研究提出如下假设：

H5：文化相容性对关系资本积累存在正向促进作用；

H5a：文化相容性对信任存在正向促进作用；

H5b：文化相容性对承诺存在正向促进作用；

H5c：文化相容性对沟通存在正向促进作用。

（3）目标协同性对关系资本的影响

与合作伙伴间目标的协同性强调企业各自的目标能够被理解，并形成互利互促的局面。当企业间达成了真正的共识时，就会形成兼容的目标，但是达成共识并非要求企业间目标完全一致。本研究指出，供应链上企业间的目标协同是供应链节点上存在合作的企业各自目标间互促互利，以及合作双方各自目标与合作目标兼容的程度，从目标协同的基本内涵分析，供应链上企业间的目标协同性越高，企业间基于目标实现的依赖性也会更强，此时，双方间的合作目标也有赖于单个企业的目标实现。在这种背景下，合作双方在目标上的协同性提升时，组织将不愿意通过机会主义行为来破坏这种关系，此时，也将促进企业朝着有利于对方发展的方向共同努力，进而形成基于关系资本提升的共同“合力”。

一般而言，良好的合作绩效始于组织间达成共同目标的愿景，大量失败的合作则源于合作企业间缺乏可以共享的目标，如若企业与存在目标冲突的企业展开合作，那么在后续的合作中将会面临较大的合作关系断裂的风险[183]。从现有研究成果看，供应链伙伴间的目标协同对关系资本的促进作用也被大量证实。例如，Angeles 和 Nath[184]的研究发现，企业间目标的协同将有利于企业尽快达成共识，并促进企业间的沟通，从而改善企业间的关系，提升合作绩效。根据 Wong 等[185]的观点，企业间具有协同的目标将有利于企业间互信关系的建立，进而使企业实现更高的协同价值。另外，高胜[54]还指出，基于目标的兼容，能够降低合作企业间的冲突，有利于双方长久合作的意愿。通过研究作者还发现，目标兼容性能够显著促进伙伴关系间的承诺维度，在供应链伙伴间的运作协调性、资源互补性不变的情况下，目标兼容性每提高10%，伙伴承诺就会提高1.58%。综上，本研究提出如下假设：

H6：目标协同性对关系资本积累存在正向促进作用；

H6a：目标协同性对信任存在正向促进作用；

H6b：目标协同性对承诺存在正向促进作用；

H6c：目标协同性对沟通存在正向促进作用。

4.2.3 关系资本对供应链融资绩效的影响及假设提出

所谓"关系资本"，是指实现个人、集体目标的特殊资源的集合体，能够为企业联盟创造价值。作为社会资本的重要维度之一，关系资本的积累强调组织间的信任、承诺与沟通，而组织间关系资本的建立，能够同时促进组织间的合作关系的顺利开展，并提升企业间的合作绩效。供应链上各企业之间的合作关系将处于"资源孤岛"的企业联系起来，进而形成了一个基于资源、信息、资金等方面互通的内部关系网络。供应链金融业务涉及的关系网络，与人际交往中的社会网络有所不同，它是基于企业间频繁交易而产生的稳定关系而发展起来的一种金融业务，每个节点企业的运营情况，都将为其他企业的正常运营与资金获取提供重要的信息。

因此，在供应链金融业务的运作过程中，与核心企业建立并积累关系资本，一方面能够提升核心企业对中小企业的信任与沟通，形成组织间关系承诺，从而加强企业间信息共享的水平。另一方面，中小企业与核心企业在交易中积累的关系资本能够很好地降低两者间的信息不对称，提高企业间的协作效率。供应链融资业务嵌套于整个供应链运作的过程中，核心企业为了提升整个供应链的竞争力，进而降低机会主义行为和交易成本，创造更明显的比较优势，其合作伙伴的运营与价值增值也将被其考虑。因此，对于供应链网络节点上的中小企业来说，与核心企业积累的关系资本能够使中小企业获得核心企业的信任，增强与核心企业的沟通频率、连接强度等，进而为中小企业获得核心企业的担保或融资打下基础，从而实现中小企业供应链融资绩效的综合改善。

(1) 信任对供应链融资绩效的影响

当前，组织间信任的形成已然成为组织合作关系建立的前提条件。Tsai 和 Ghoshal[186]关于企业间信任的研究指出，组织间信任的差异有可能导致企业间资源整合、交换产生差异。如果企业与供应链上的伙伴间能够以较高层次的信任为基础展开合作，那么此时，企业间将会形成更多资源流动，合作双方会更加明确基于关系资源的交易是有效的。

信任反映了企业对另一企业交易行为的认可，并体现了企业持续合作的意愿。因而，在供应链上企业间形成的信任将降低企业间发生机会主义行为的概率，同时减小不确定性与机会主义行为所带来的风险，从而增强供应链节点企业间对交易的信心[187]。在供应链金融业务的运作过程中，核心企业对中小企业的信任程度增加，二者间合作关系将会更加稳固，进而促使核心企业更多地考虑中小企业的发展需要。一旦中小企业需要通过供应链金融业务获取融资，核心企业也更愿意为中小企业提供付款承诺、回购协议以及其他信用担保。胡海青等[188]的研究指出，在供应链当中，焦点核心企业对中小企业的信任将有利于其获取供应链融资。同样的，当供应链上的核心企业信任与其合作的中小企业时，其也会抽出精力配合中小企业授信业务的开展，并为业务需求提供足够的信息支撑或信用担保，帮助中小企业获取更加灵活的融资。基于此，本研究提出如下假设：

H7：信任对供应链融资绩效存在正向促进作用。

(2) 承诺对供应链融资绩效的影响

在供应链节点企业间的合作过程中，承诺反映了合作伙伴间的显性或隐性的持续性投入，涵盖合作伙伴之间为了实现长期利益进而牺牲自身短期利益的意愿。合作伙伴间的承诺并不是天然形成的，而是需要建立在一定的契约与规范之上，同时还要求伙伴关系间具备互利共赢、良性互动等特质。组织间互惠承诺的实现，能够促进企业间互相了解，并避免合作过程中可能出现的摩擦和潜在风险。卢强[189]验证了在供应链网络当中，供应链伙伴间的信息共享能够使供应链节点上的中小企业的资金可得性提升。黄秋萍等[103]则基于供应商的角度出发，研究供应商请求制造商帮助解决资金困难的背景下金融关系行为模式与制造商的动机、双方关系长度对绩效的交互作用，通过研究发现，供应商与制造商之间的双方关系长度较短时，制造商将会希望采用各种金融关系行为，以回应供应商的请求。当企业应用内外部资源帮助供应链上的伙伴进行金融行为时，更能够解决供应链上的资金流问题，从而保证供应链的稳定与发展。

因而，当供应链上的企业双方彼此承诺会对双方的关系予以投资时，从核心企业的角度来看，将会为了双方的合作持续而努力，在中小企业需要展开供应链融资时，其会考虑为这样的中小企业提供融资所需的（包括信息、贷款份额等）各类支持，中小企业也越容易进行供应链融资，并有可能获得周期灵活、成本较低的融资，进而提升自身的供应链融资绩效。基于此，本研究提出如下假设：

H8：承诺对供应链融资绩效存在正向促进作用。

（3）沟通对供应链融资绩效的影响

所谓“沟通”，是指企业信息交互实现的有效方式，通过企业间的沟通，能够使企业间实现风险共担。由于供应链网络当中存在多个主体，核心企业将具有结构洞优势，并弥补中小企业在网络当中的“嵌入性”缺失，此时网络当中的信息交互将会对企业融资获取提供有力支撑，进而推动网络整体目标保持一致。由于沟通反映了供应链企业交互过程中的信息传递与反馈，是企业间正式、非正式信息共享的重要途径，一旦中小企业与核心企业展开了高效沟通，此时在产品设计、质量控制及销售模式等方面，将会明显提升整体的绩效，并降低整体的交易成本[190]。同时，当供应链当中的参与者配合程度较好时，沟通的频率和质量也会有所提升，进而推动企业间信息的交互，这将会使供应链节点中小企业在融资成本尽量降低的同时，还能够保持必要的周期灵活性[104]。

因而，可以总结得出，供应链节点中小企业与核心企业的有效沟通加强，将会强化其与核心企业间的信息交互。当开展供应链金融业务时，由于核心企业更易于掌握需要融资的企业信息，进而缓解融资需求方与供给方的信息不对称，这将为中小企业获得更多融资、降低融资成本，并获取适当、灵活的融资周期提供可能。基于此，本研究提出如下假设：

H9：沟通对供应链融资绩效存在正向促进作用。

4.2.4 关系资本的中介效应

由于供应链金融业务是基于企业的具有“未来”变现功能的资产进行抵押展开的闭合式金融业务，因而对于企业间贸易背景的了解是业务得以开展的关键所在，这就需要以供应链上的运营信息为出发点，详细了解授信方提供的基于供应链网络的合作伙伴间的贸易信息。其中，既包括中小企业与上下游合作伙伴之间的交易情况，还应了解中小企业之前的各种交易信息，从而进一步反映其偿债能力。此时，网络当中核心企业作为供应链金融业务开展过程中的焦点企业，能够利用自身强大的信息系统，较为轻松地了解并提供给金融机构与其长期合作的中小企业的过往交易信用与交易信息。

组织社会化的观点指出，社会化能够让人们在交换关系的过程中建立起信任关系，并推动他们之间积累关系资本。刘锦英[191]通过对核心企业选择外部网络行动者的相关策略展开研究，并发现，核心企业在选择外部行动的合作者时将重点考虑其资源特性，当这些行动者具备与核心企业互补的资源时，更易于成为企业的交易对象。同时，在战略联盟形成之初，核心企业对于合作伙伴的选择也会根据文化、战略意图等方面进行考虑，基于相容的文化、相似的战略意图和治理模式，能够推动企业间的合作，从而提升二者的信任水平。因而，只有共享认知与发展目标，同时兼备文化的认同与资源的互补，企业间的关系才能够朝着互信、互惠、互动的方向迈进。

同时要指出的是，关系资本是社会资本视角下的一个重要维度，关系资本的积累能够为联盟创造价值。基于关系观的研究发现，供应链网络当中的中小企业一旦与核心企业间建立了合作关系，并积累了丰富关系资本，就能够有效利用核心企业信用辐射效应，还能依托于核心企业的信任，进而提升与供应链核心企业间的信息沟通效率，最终降低合作当中产生的信息不对称，改善与核心企业的合作绩效。当中小企业应用供应链金融业务融资时，核心企业会更多地考虑与其合作关系稳定的中小企业的价值增值需求，因而也就更愿意为中小企业提供付款承诺、回购协议及其他信用担保，并能够为资金提供方出具大量真实、可靠的运营信息，有利于中小企业获得灵活的贷款，提升融资绩效。

综上所述，供应链伙伴特性影响关系资本积累，而关系资本又能够对中小企业的供应链融资绩效产生影响，进而形成了从伙伴特性到关系资本积累，再到供应链融资绩效改善之间的因果影响链条。据此，本研究提出如下关系资本的中介效应假设：

H10：关系资本在资源互补性与供应链融资绩效间存在中介作用；

H10a：信任在资源互补性与供应链融资绩效间存在中介效应；

H10b：承诺在资源互补性与供应链融资绩效间存在中介效应；

H10c：沟通在资源互补性与供应链融资绩效间存在中介效应。

H11：关系资本在文化相容性与供应链融资绩效间存在中介作用；

H11a：信任在文化相容性与供应链融资绩效间存在中介效应；

H11b：承诺在文化相容性与供应链融资绩效间存在中介效应；

H11c：沟通在文化相容性与供应链融资绩效间存在中介效应。

H12：关系资本在目标协同性与供应链融资绩效间存在中介作用；

H12a：信任在目标协同性与供应链融资绩效间存在中介效应；

H12b：承诺在目标协同性与供应链融资绩效间存在中介效应；

H12c：沟通在目标协同性与供应链融资绩效间存在中介效应。

4.2.5 网络能力的调节效应

供应链金融业务属于微观金融的范畴，它不同于传统的银行信贷业务，也有别于资本市场的风险投资活动；它是基于供应链上企业间展开的贸易活动，根据供应链上的信息流、物流和商流，针对供应链上的中小企业展开的一种综合性的信贷活动。从传统社会网络的视角来看，供应链金融业务的开展主要借助于社会网络当中的“软信息”，重点以中小企业与供应链上核心企业的贸易过往、声誉以及个体资质、发展潜力的评估为依据，因而，中小企业获取供应链融资的关键点在于其过往社会关系的建立，以及自身在供应链当中树立起来的声誉和整体供应链的竞争能力上[192]。

在供应链金融业务运作过程中，并不是所有中小企业都能够参与到供应链金融业务的运作当中，获得融资的中小企业必须具备一定的特质，例如，与核心企业有长期的交易关系，且有良好的贸易背景。网络能力是企业提高自身在网络当中的地位并处理与其他成员关系的动态能力，具备较强网络能力的中小企业可以通过与外部组织建立关系，并利用这些关系获取在供应链上的竞争力和优势地位。因而，网络能力较好的中小企业可以在与核心企业间的关系管理和维系过程中维持较好的“活性”，使企业能够在构建外部关系网络的过程中获得更好的合作效率，并在关系维护过程中获取更多效能；同时，基于资源供给的角度分析发现，网络本身就是企业拥有的资源，通过网络能力的运用，可以使企业提升自身所处网络的网络位置，此时中小企业更容易获取资源，并对市场需求变化作出及时反应，从而增加其获取新客户的能力，这些企业的还款能力也会因此增强。由于企业关系资本仅仅为一种资源，将其转化为绩效，进而反映在供应链融资获取过程中的效能与企业对组织间关系资本的运用、转化有关，同时还需要以网络能力为辅助。较强的网络能力，一方面在操作层面上反映了网络内资源配置的高效性，使得关系网络具备更高的稳定性；另一方面，也体现着中小企业合理运用网络资源、解决和协调关系冲突的能力，这种能力综合印证了企业把握与其合作的核心企业关系资本构建、利用和配置的效果。

综上所述，企业网络能力的不同将充分反映出其对于网络关系的管理与配置效率，当中小企业具备较强的网络能力时，其整合、利用网络关系，提升自身网络位置的能力也会有所强化，这也意味着，企业将能够在关系管理与资源搜索等方面花费较少的时间和成本。在供应链中，随着关系资本作为中小企业与核心企业之间合作的关系资源的积累，其会由于企业网络能力的提升获得更高的转化效能，即在供应链金融业务授信过程中，网络能力高的中小企业对资源的识别和整合能力也会较高，进而供应链融资绩效也会相对较高。基于此，本研究提出如下假设：

H13：网络能力能够正向调节关系资本对供应链融资绩效的作用；

H13a：网络能力能够正向调节信任对供应链融资绩效的作用；

H13b：网络能力能够正向调节承诺对供应链融资绩效的作用；

H13c：网络能力能够正向调节沟通对供应链融资绩效的作用。

4.2.6 供应链复杂性的二阶、三阶调节效应

复杂供应链可以看作是一种由复杂交易关系组成的结构网络，企业间关系的紧密程度则取决于企业间交易的频率及深度。在复杂供应链当中，同时存在多个层级的供应商、分销商以及客户群体，此时供应链上节点企业之间的关系既可以包含协同发展，同时又存在激烈的竞争。由于供应链是供应链金融的业务载体，同时还是融资模式下企业关系治理机制实现的前提[102]，因而，在供应链趋于复杂化发展的过程中，供应链金融业务的实现也趋于复杂化，业务模式也呈现出较为复杂的特征。尤其是当供应链上的复杂性有所加强时，网络当中会潜入更多群体，此时增加了供应链中断的可能性，同时还可能引起供应链上生产型企业的生产绩效有所下降，并对供应链成本绩效和服务绩效产生负面影响[167]。

因而，对比结构简单的供应链来说，供应链网络的复杂性越大，企业关系资本对其供应链融资获取成效的不确定性也越大，并且由于企业绩效的下降风险和供应链风险的增加，核心企业不会仅因为强联系的存在便为中小企业提供融资，反而会由于供应链网络的复杂化发展削弱既定关系下资本积累对于供应链融资获取的促进作用。基于此，本研究提出如下假设：

H14：供应链复杂性负向调节关系资本对供应链融资绩效的作用；

H14a：供应链复杂性负向调节信任对供应链融资绩效的作用；

H14b：供应链复杂性负向调节承诺对供应链融资绩效的作用；

H14c：供应链复杂性负向调节沟通对供应链融资绩效的作用。

当前，供应链上的众多企业面临着复杂的内部和外部环境，一方面，伴随着市场分工的模块化发展，大型企业将众多分支产品生产任务分包给其他公司，此时需要处理的信息量越来越多，企业面临的不确定性也有所提升。另一方面，由于市场竞争的激烈化趋势加剧以及互联网技术的发达，企业间信息交互的方式也越来越复杂。Dirk[193]从网络化复杂系统科学角度研究供应链网络，并指出，优质的供应链网络结构能够降低信息的波动，同时提升整个供应链和节点企业的抗风险能力。由于供应链网络当中各个节点企业的细微变化都将对其他环节的企业产生一定影响，有时甚至会对供应链的整体发展产生巨大影响，而这一系列问题都聚焦于供应链网络的拓扑结构当中，因此，当供应链网络的复杂性提升时，企业更加需要将供应链关系资本转化为合作效能。此时，网络能力的提升对于关系资本转化、利用效率起到的作用就更加明显，这是因为，复杂供应链网络内的中小企业将关系资本转化为合作的效率将决定企业与核心企业关系的未来发展趋势，以及其处理与核心企业间关系的关键所在。

鉴于此，本研究认为，在供应链网络的复杂性不断提升的情境下，关系资本对于网络节点中小企业供应链融资绩效的促进作用越来越受到网络能力的影响。由此，提出供应链关系资本 × 网络能力 × 供应链融资频率的三维交互效应的假设。

H15：供应链复杂性正向影响网络能力对关系资本与供应链融资绩效关系间的调节作用。即，供应链网络越复杂，中小企业网络能力的提升对关系资本与供应链融资绩效间关系起到的调节作用越强；

H15a：供应链复杂性正向影响网络能力对信任与供应链融资绩效间的调节作用；

H15b：供应链复杂性正向影响网络能力对承诺与供应链融资绩效间的调节作用；

H15c：供应链复杂性正向影响网络能力对沟通与供应链融资绩效间的调节作用。

4.3 概念模型确定

综上，在文献梳理与理论分析的基础上，本书延续“行为—资源—绩效”的研究范式，提出供应链伙伴特性、关系资本对供应链融资绩效关系的研究假设，并从供应链的发展趋势出发，探讨网络能力的调节效应，以及供应链复杂性的二阶、三阶调节效应，从而构建出本研究的概念模型，并对本研究所要解决的问题展开分析。具体地，本研究的总体研究框架如图 4 - 1 所示。

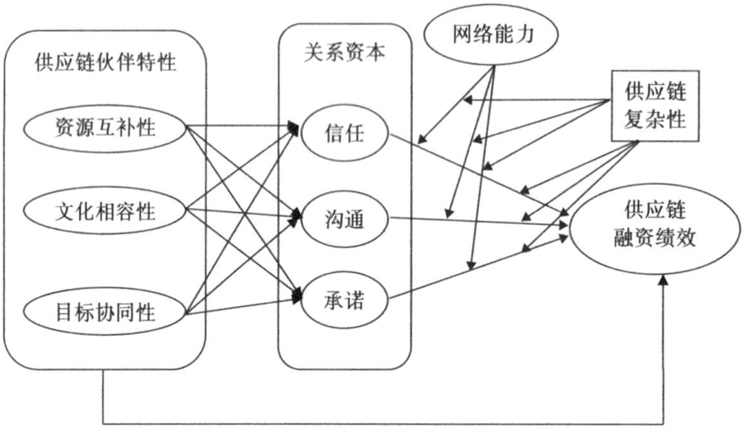

图 4 - 1　总体研究框架

Fig 4 - 1　The Final Research Framework

基于总体研究框架，本研究主要从下述三个分概念模型出发，依次验证本研究提出的多个假设，以更加清晰地明确复杂供应链视域下中小企业与核心企业间的资源互补性、文化相容性以及目标协同性通过关系资本积累进而作用于供应链融资绩效的路径。基于网络能力的潜在调节效应，本研究设计相应假设，并得到研究的细分概念模型图，如图 4 - 2 至图 4 - 4 所示。

图 4－2 的模型旨在探索供应链伙伴特性的三个维度对供应链融资绩效的内在作用机理，用于验证关系资本在供应链伙伴特性与供应链融资绩效关系中的中介作用。

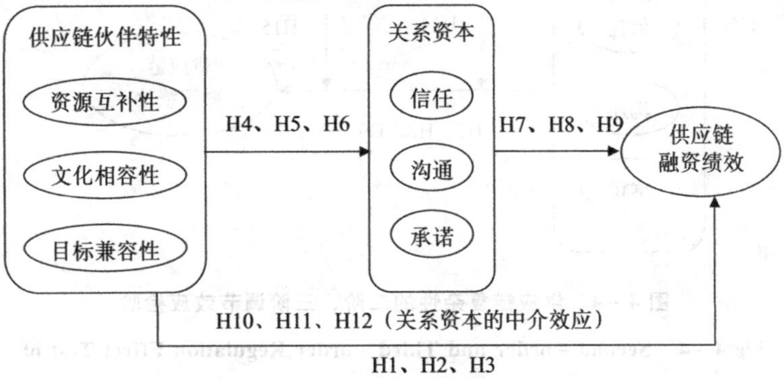

图 4－2　供应链伙伴特性、关系资本对供应链融资绩效的影响

Fig 4－2　Impact of Supply Chain Partner Characteristics and Relational Capital on Supply Chain Financing Performance

图 4－3 用来检验网络能力对于关系资本作用于供应链融资绩效的调节效应，以探索不同网络能力差异视角下的关系资本转化效率问题。

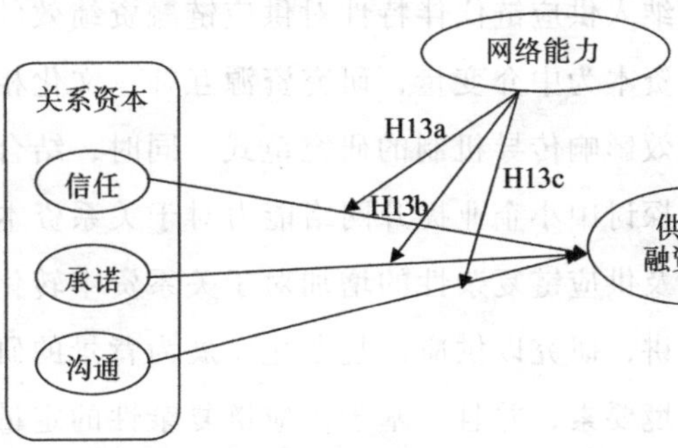

图 4－3　网络能力的调节效应检验

Fig 4－3　Test of Regulating Effect of Network Capability

图 4－4 的模型用于验证供应链复杂性在关系资本与供应链融资绩效关系中的调节作用，以及探索供应链复杂化发展情境下企业提升网络从而促进关系资本转化为供应链融资绩效的权变效果。

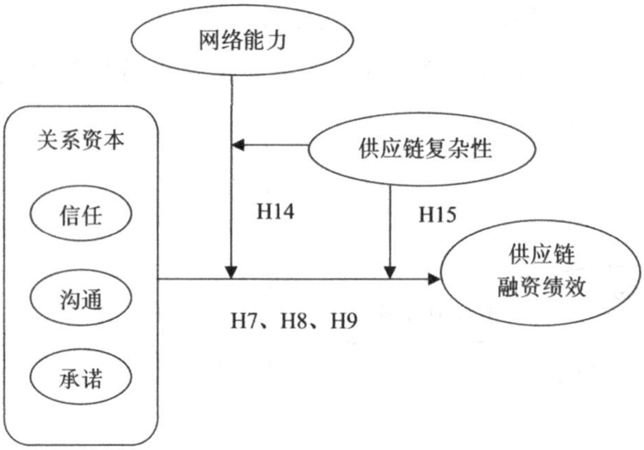

图 4-4　供应链复杂性的二阶、三阶调节效应检验

Fig 4-4　Second-order and Third-order Regulation Effect Test of Supply Chain Complexity

4.4　本章小结

本书将关系资本纳入供应链伙伴特性对供应链融资绩效的研究中，重新构建了一种以关系资本为中介变量，研究资源互补、文化相容及目标协同性对供应链融资绩效影响传导机制的研究范式。同时，结合供应链复杂化发展的实践背景，探讨中小企业提升网络能力对于关系资本转化为融资绩效的促进作用，以及供应链复杂性的增加对于关系资本转化的二阶、三阶调节作用。总的来讲，研究以供应链复杂化发展为背景的研究，增加关系资本转化的权变情境要素，并且，基于供应链复杂性的定量研究，还有利于揭示供应链网络节点中小企业提升供应链融资绩效的作用机理（研究假设汇总如表 4-1 所示）。

表 4-1 研究假设汇总

Table4-1 Summary of Research Hypotheses

序号	研究假设
H1	资源互补性对供应链融资绩效存在正向促进作用
H2	文化相容性对供应链融资绩效存在正向促进作用
H3	目标协同性对供应链融资绩效存在正向促进作用
H4	资源互补性对关系资本存在正向促进作用
H5	文化相容性对关系资本存在正向促进作用
H6	目标协同性对关系资本存在正向促进作用
H7	信任对供应链融资绩效存在正向促进作用
H8	承诺对供应链融资绩效存在正向促进作用
H9	沟通对供应链融资绩效存在正向促进作用
H10	关系资本在资源互补性与供应链融资绩效间存在中介作用
H11	关系资本在文化相容性与供应链融资绩效间存在中介作用
H12	关系资本在目标协同性与供应链融资绩效间存在中介作用
H13	网络能力正向调节关系资本对供应链融资绩效的作用
H14	供应链复杂性负向调节关系资本对供应链融资绩效的作用
H15	供应链复杂性正向影响网络能力对关系资本与供应链融资绩效关系间的调节作用

通过对上述研究假设进行验证，一方面可以揭示供应链伙伴之间的三个关系属性（资源互补性、文化相容性和目标协同性）对供应链融资绩效提升的作用机理，并验证了关系资本（信任、沟通、承诺）在上述作用路径中起到的中介作用；另一方面，还从实际出发，基于供应链复杂化发展的情境下，探求出中小企业提升网络能力对关系资本转化作用的调节效应，以及供应链复杂性对关系资本转化的二阶调节效应及其对网络能力产的三阶调节效应，以期为全面诠释中小企业提升供应链融资绩效提供贴合实际的理论依据以及实践借鉴。

5 研究设计

5.1 调研问卷设计与内容

5.1.1 问卷设计原则

为了保证本研究的普适性，并使文章具备一定的实践指导意义，需要从问卷的设计原则、发放过程及调研对象选取等方面出发，对问卷设计与发放流程进行详细规划。具体地，在问卷发放之前，需要明确调研问卷的设计原则，以保证问卷回收的质量与普适性：

第一，本研究问卷量表内容的设计尽可能选取了国内外已经形成的具有良好信效度的量表作为参考。需要指出的是，对于国外量表的借鉴与应用，本研究主要选择双向对译法以保证其翻译为中文后含义不变，总体问卷内容的设计则广泛征求研究领域的专家学者，以及有供应链金融业务应用的企业财务、运营、采购、市场等方面的管理人员的意见，同时征询提供供应链金融业务的金融机构从业人员，综合理论界与实践界学者的建议后对本研究的初始量表进行设计，以确保题项内容符合中国中小企业应用供应链融资业务进行融资的实际情况，并保证问卷内容是通俗易懂的。同时，在调研问卷的设计内容中，还注明了本人的联系方式，以便受访者在对问卷内容有疑问时及时联系到本人。

第二，在调研之初，本研究在问卷内容当中明确说明研究目的，同时对问卷作出保密协议承诺，以尽量避免受访者的拒绝或不诚实。另外，对于一些企业敏感的问题，本研究在设计问卷的同时将表达方式进行转换，以保证获取本研究调研内容的完整性。

第三，在设计问卷的问答内容中，本研究主要使用李克特五级量表，并在题项表述上尽可能保持观点简洁明了、客观中立，以确保每个问项只包含一个确切含义，不引起歧义。

第四，在问卷发放时，尽可能有针对性地对调研对象展开调研。由于本研究主要基于供应链上的中小企业展开，因而在调研过程中，尽可能选择了中小企业的管理层、运营岗（采购、销售）、财务岗（投融资）或对企业供应链上下游企业有着较全面了解的企业工作人员发放问卷，并在调研时说明，如若对该问题了解甚少，可咨询相关岗位的同事后再进行填写。

第五，为了保证问卷获取内容的时效性，本研究调研过程中所要求填写的内容及答案均是基于企业上一年整体情况的评估。

5.1.2 问卷设计流程

虽然调研问卷获取数据会存在回收率难以保障的缺陷，同时难以通过面对面调研的方式获取大量的数据，从而在一定程度上会影响研究获取的质量。但由于调研问卷设计具有灵活、简易且富有针对性的优势，通过调研问卷获取所需研究数据的方式仍然是当前管理学和社会学等研究领域常见的数据获取方式。具体地，本研究的问卷设计流程如图 5-1 所示。

第一步，本研究通过对国内外文献的梳理，形成变量的初始测量量表。在前期对于供应链伙伴特性、关系资本、供应链融资绩效、网络能力、供应链复杂性等相关文献整理及总结基础上，发现现有对供应链伙伴特性、关系资本提升供应链融资绩效的作用机理研究较少，尤其缺少从供应链复杂性视角出发，关注中小企业网络能力提升对关系资本转化为融资绩效等内容的定量分析与验证。但总结现有研究发现，对于本研究提到的单要素，学术界均提出了较为成熟的量表，这给本研究设计变量与问卷题

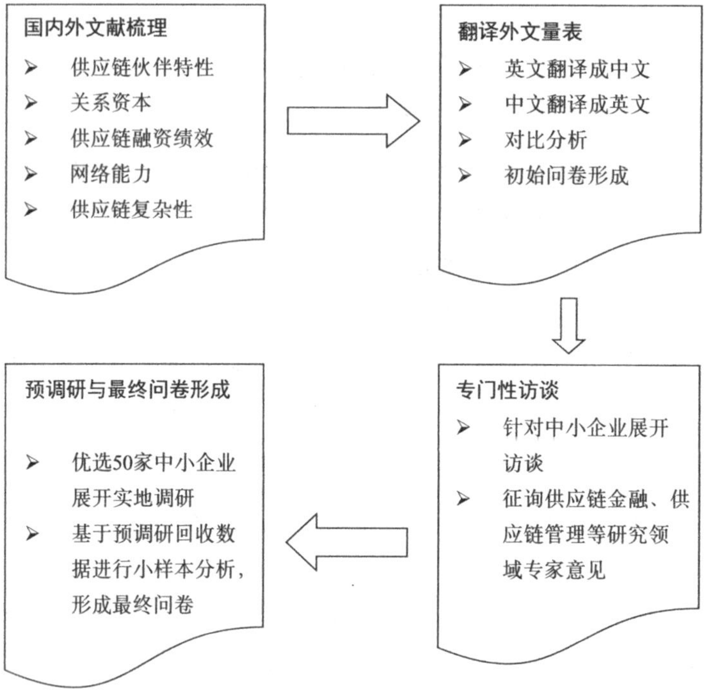

图 5－1 问卷设计流程

Fig. 5－1 Questionnaire Design Process of Research

项提供了参考，因而能够为后续的实证研究提供较为有利的定量研究支撑。

第二步，翻译成熟量表，形成初始问卷。由于本研究量表部分是以西方成熟量表当中的内容作为标准的，因此需要对这些量表进行翻译。具体地，本研究选择双向对译法展开相关工作，一方面征求英文较为熟练的相关研究领域学者意见形成翻译后的中文题项，另一方面将此问项翻译成英文与原始英文题项进行对比，最后对措辞进行微调，形成本研究初始调研问卷。

第三步，针对中小企业和学科领域专家展开专门性访谈。该步骤主要是在参考上述初始问卷的基础上，为了使问卷被实践界清晰理解而设计的。具体地，本研究一方面选择了西安市高新区、经开区等西安市内使用过供应链融资业务的中小企业展开访谈，通过总结访谈反馈意见获取小样本调研数据，并针对问卷措辞的易懂性和规范性进行修改，以便于后续调研过程中所设计的问卷能够很好地被企业理解并准确完成问卷内容；另一方面，研究还征询了理论界专家意见。通过上述两步骤制定初始问卷，同时，本研究还选取了包括导师在内的多位供应链金融、供应链管理等领域的专家学者，针对本研究问卷提出自己的意见，基于专家意见，整合并补充了问卷缺失的理论内容，从而提高了问项设定的科学性。

第四步，预调研。为了能够获取易于理解、回答的问卷，并且更明确地反映中小企业应用供应链金融解决融资困境的现状，以及其所在供应链发展的详细情况，在开展正式调研前，本研究还展开了预调研工作。具体地，本研究重点选择陕西省内应用过供应链融资业务的50家中小企业作为预调研样本，采用面对面访谈的方式对其进行预调研。根据预调研的结果，本研究进一步对问项的排序、表述等内容进行逐一调整与简化，以确保问卷能够获取清晰的结论，具备较高的完成与回收质量。

第五步，确定正式问卷。具体地，在预调研、现场访谈的基础上，修订问卷页面布局，并为一些专有名词进行解释，从而得到本研究调研所使用的正式问卷（见书后附录）。

5.1.3 问卷基本内容

本研究旨在定量分析供应链伙伴特性、关系资本对供应链融资绩效的作用机理，以及供应链复杂化发展进程中网络能力及供应链复杂性的二阶、三阶调节作用。因而，本研究基于前文构建的理论框架，明确研究变量的概念后提出研究假设，运用结构方程建模进行实证检验，获得研究结论。本研究展开了详细的调研工作，以获取研究所需的数据。具体地，调研问卷主要包括下述几方面内容：

①被调研企业基础情况。包括中小企业的名称、成立时间、行业属性等基本面调研统计。同时，本研究还兼顾问卷填写者的基本信息，以明确本研究选择的调研对象对于问卷的内容填写是合适的。

②对供应链伙伴特性的测度。本书从资源互补性、文化相容性和目标

协同性三个维度出发设计相应题项。

③对关系资本的测度。依据本书关系资本内涵与相关研究结论，问卷从信任、承诺和沟通三个方面进行数据搜集，并设计相应题项。

④对供应链融资绩效的测度。基于宋华等[157]的研究成果，本研究共设计 3 个问项对供应链融资绩效进行测度。

⑤对网络能力的测度。依据对网络能力的界定，本研究将网络能力作为中小企业的综合动态能力进行考量，设计 3 个问项衡量中小企业的网络能力。

⑥对供应链复杂性的测度。基于供应链复杂性发展态势，以及学界对供应链复杂性的衡量方式，借鉴 Bozarth、周驷华等[165]对供应链复杂性的研究成果，本研究主要从静态复杂性的角度，基于上游复杂性、下游复杂性和生产复杂性设计 4 个问项，用以衡量中小企业所处供应链的复杂程度。

5.2 数据收集

本研究以围绕核心企业发展的多家中小企业为样本展开调研，为了确保本研究所调查的企业均为中小企业，本研究具体参考工信部 2011 年《关于印发中小企业划型标准规定的通知》中对于中小企业的界定标准对调研样本进行筛选。

总体来讲，本次调研主要包括陕西省内的调研和省外调研两方面工作。陕西省内的调研问卷主要通过西安市经开区、高新区、西咸新区以及宝鸡市开发区管委会协助填写问卷，其他地区问卷则通过本校外地 MBA、EMBA 协助，通过与当地企业联系后获取被调研企业联系方式，再通过电子邮件发放或电话访谈等形式进行填写。本次调研总体面向全国中小企业发放 600 份问卷，最终回收问卷 507 份，剔除错选、误选以及从未获得过供应链融资的中小企业外，获得 425 家中小企业数据，问卷的有效率为 70.83%。

本次调研共分为两个阶段。第一阶段，预调研阶段。以西安市经开区、高新区为主，在各区管委会的协助下，选择5家大型核心企业，对其应用供应链金融业务辅助中小企业进行融资的对象进行基本信息获取，之后再通过各区发改委分别联系这些中小企业，以其作为预调研样本，基于当面访谈当中反馈的问题，对初始问卷进行简化与修订。第二阶段，正式调研。在山东、陕西、江苏省等多地展开调研。具体地，首先通过联系多个核心企业，获取其提供供应链融资业务或辅助开展供应链金融业务的中小企业名单；其次在各地市发改委、管委会、MBA、EMBA班学员的协助下，大范围通过E-mail的形式发放问卷。

5.3 研究量表设计

供应链伙伴特性（资源互补性、文化相容性、关系协同性）、关系资本（信任、沟通、承诺）、供应链融资绩效、网络能力和供应链复杂性是本书重点研究的几个变量。鉴于这些变量数据非透明且难以量化，本书选择定性指标，采用李克特五级正向量表进行测评。本书大部分采用学者论证且认可的量表，并进行了一些调整，再进行数据收集。

5.3.1 供应链伙伴特性指标体系构建

（1）资源互补性

资源互补性表示供应链上中小企业与核心企业在能力、知识、信息、技术等资源方面的互补程度。关于资源互补性的衡量方式，学界已有较为成熟的总结。借鉴徐二明、薛萌等[104,171]对资源互补性的衡量方式，本研究共设计3个问项对供应链伙伴间的资源互补性进行衡量。

（2）文化相容性

针对企业间的文化相容性测度，学者一般从企业间的价值观和行为方式展开测量。当前对企业间文化相容性的研究，大量学者基于借鉴 Sarkar 等和马文聪等[36][194]的研究展开，结合本书的研究情境，本研究共设计 3 个问项对伙伴间文化相容性进行衡量。

（3）目标协同性

基于目标连续带的思想，企业间目标的兼容程度可以用来描述企业间的目标协同性。当前，针对联盟伙伴间的目标一致或协同性研究，国内学者徐梦丹[43]认为可从“联盟伙伴间的目标不存在冲突”“伙伴双方的目标可以同时实现”“双方的目标是互相支持的”等内容中体现。基于上述学者的观点，并结合实地调研访谈获取的反馈意见和本书选择的供应链伙伴关系特性的研究背景，本书对现有学者针对供应链伙伴特性三个维度的测量方式进行了相应修订，形成初始测量量表如表 5-1 所示。

表 5-1　　　　供应链伙伴特性的测量指标

Table5-1　　Measurement Index of Supply Chain Partner Characteristics

变量名称	序号编码	测量题项
资源互补性	RE1	我们与合作伙伴所共享的资源是双方需要的
	RE2	我们与合作伙伴可借助双方资源达到互补
	RE3	我们与合作伙伴在合作中能够各取所需
文化相容性	CU1	我们与合作伙伴的企业文化、价值观相似
	CU2	我们可以接受合作伙伴的经营理念
	CU3	我们与合作伙伴参与项目的高层主管具有相容的处事理念/方法
目标协同性	TA1	我们与合作伙伴基于合作目标达成了共识，并有清晰准确的界定
	TA2	我们与合作伙伴之间其中一方的目标实现将有利于另一方目标的实现
	TA3	我们与合作伙伴间对双方目标是相互支持的

说明：表中提到的合作伙伴均为与中小企业合作的供应链核心企业。

5.3.2 关系资本指标体系构建

基于学者们对关系资本的指标选取，本研究从信任、承诺和沟通三方面出发对中小企业的关系资本积累进行衡量，借鉴 Doney[195]、Anderson 和

Narus[196]、胡海青[109]等的研究，对信任、沟通、承诺三个维度分别设计3个问项进行衡量。如表5－2所示。

表5－2 关系资本的测量指标

Table5－2 Measurement Index of relation capital

变量名称	序号编码	测量题项
信任	XR1	合作伙伴相信我们总是会遵守承诺
	XR2	合作伙伴对我们的监控行为是有效的
	XR3	合作伙伴相信我们提供的信息
沟通	CO1	我们与合作伙伴之间建立了良好的信息共享平台
	CO2	我们与合作伙伴双方经常开展正式及非正式的交流活动
	CO3	我们与合作伙伴双方均会为对方提供有益于对方的信息
承诺	PRO1	我们与合作伙伴不会轻易中断合作关系
	PRO2	合作伙伴会对我们进行一定的投资
	PRO3	我们与合作伙伴不会以获利为目的损害双方的利益

说明：表中提到的合作伙伴均为与中小企业合作的供应链核心企业。

5.3.3 供应链融资绩效指标体系构建

关于供应链融资绩效的指标选取，本书主要参考宋华等[157]的研究成果，从融资成本、周期和融资量三个方面设计问项进行度量，具体问项如表5－3所示。

表5－3 供应链融资绩效的测量指标

Table5－3 Measurement Index of Supply Chain Financing Performance

变量名称	序号编码	测量题项
供应链融资绩效	SCF1	在核心企业的帮助下，我们获得供应链融资的额度较高
	SCF2	在核心企业的帮助下，我们获得供应链融资的资金成本较为合理
	SCF3	在核心企业的帮助下，我们获得供应链融资的周期比较灵活

5.3.4 网络能力指标体系构建

网络能力是指企业对其关系网络的管理能力，一般对网络能力进行测度时，部分学者将网络能力划分为多个维度展开实证研究[197]，还有学者将网络能力视为一个整体变量展开相应研究[198]。基于本书研究情景的设计，网络能力对于中小企业而言应是一个整体网络关系管理能力衡量标准，因而，借鉴李随成等[192]的研究，本书将网络能力视为一个单一变量，并设计3个问项衡量中小企业的网络能力提升标准。如表5-4所示。

表5-4 网络能力的测量指标

Table5-4 Measurement Index of Network Capability

变量名称	序号编码	测量题项
网络能力	NC1	我们非常了解合作伙伴的产品、服务、优势及劣势
	NC2	我们与合作伙伴维持良好、稳定关系的能力很强
	NC3	我们经常分析与合作伙伴合作时存在的问题

说明：表中提到的合作伙伴均为供应链上的核心企业。

5.3.5 供应链复杂性指标体系构建

基于Bozarth[165]、周驷华和万国华[167]等对供应链复杂性的研究成果，本研究主要基于静态复杂性的角度，从上游复杂性、下游复杂性和生产复杂性出发，衡量中小企业所处供应链网络的复杂程度。如表5-5所示。

表5-5 供应链复杂性测量指标设计

Table5-5 Measurement Index of Supply Chain Complexity

变量名称	序号编码	测量题项
供应链复杂性（SCC）	SCC1	本企业的顾客需求多元化，异质性高
	SCC2	本企业的主要产品生产、加工工艺及工序复杂
	SCC3	本企业涉及的原材料多，供应商数量大
	SSC4	本企业支柱产品生命周期较短

5.4 实证研究分析工具与方法

本书选择实证研究的方法对所提出的假设及理论模型进行检验，用以挖掘供应链金融业务运作过程中存在的理论关系，进而对客观存在的现象进行解释。本研究选择大样本调研的形式获取实证分析所需数据，并通过设计相应的数据分析程序，应用 SPSS、AMOS 等常用的数据分析软件展开实证研究，具体研究步骤包括：首先，采用描述性统计分析、相关性分析对数据样本和变量间的关系进行初步验证；其次，基于调研数据进行信效度检验，以分析样本的质量与可靠性；最后，通过构建多个 SEM 模型，运用 AMOS 24.0 统计学软件，经过模型拟合，分别验证不同变量间的作用关系（包括直接影响、中介作用和调节作用），并对研究构建的模型拟合度进行检验。

5.4.1 描述性统计与相关性分析

在本书研究过程中，主要使用 SPSS 20.0 软件对应答者所在的企业特征进行分析。由于描述性统计分析方法是由调研的原始数据推导得出，因而能够描述原始数据中的基本特性，并能够反映观察值的分布情况。只有通过描述性统计的分析，才能体现出调研数据的真实分布情况。当前研究中，学术界普遍通过计算样本数据平均值和标准差来进行描述性统计，其中，平均值表示变量所有数值之和除以观察值个数所得结果，能够反映变量数据的中心点；而标准差则是以方差的平方根为计算结果，如果标准差越大，说明数据分布的变异越明显。

除了通过描述性统计分析变量的均值与标准差以外，还需要应用相关性检验的方法初步验证变量间的关系。相关性分析，全称为“皮尔森相关系数检验”，是由统计学家皮尔森提出的，并应用于两个连续变量间线性关系检验的方法，具体可通过 SPSS 软件实现，检验结果用 r 表述。一般来说，只有变量间初始关系检验结果 r 值的绝对值需要达到统计意义上的显著时，才可进行之后的建模并对变量间的实际相关关系进行分析，当 r 的绝对值 <0.4 时，代表变量间低度相关；当 r 的绝对值在 0.4 与 0.7 之间时，代表变量间适度相关；当 r 的绝对值 >0.7 时，代表变量间高度相关。

5.4.2 信度与效度分析

目前，学术界大量采用信效度分析方法检验量表，以此反映调研问卷设计与回收的质量。首先，通过信度检验，可以验证调研数据的一致性和稳定性程度，学界常用 Cronbach's α 系数进行分析。通过信度检验，可以帮助研究人员明确调研问卷的合理性，并可以在信度分析的基础上修订原始问卷。借鉴上述观点，本研究涉及的研究数据均采用李克特五级正向量表衡量，因而，本书选用 SPSS 20.0 软件对 Cronbach's α 系数进行分析，以明确测量数据的置信度。

其次，本研究通过效度分析对研究量表的有效性进行检验。所谓“效度分析”，是指对量表设计题项能否准确衡量欲测量的变量进行判断的一种数据分析方式，通常包括内容效度、结构效度的检验。其中，内容效度是反映题项内容设计是否合理的检验方式，一般而言，测量量表如果均借鉴成熟量表设计，并通过了小样本预调研等步骤进行反复修订，则可判断量表具备较好的内容效度。而结构效度则主要对变量测量的内容与构念的一致性进行分析，包括收敛效度和判别效度两方面内容的分析。一般而言，学术界常依次采用探索性因子分析和验证性因子分析判断变量的结构效度，同时计算变量的组合信度 CR 值和 EVA 值来辅助综合评价，具体检验工具为 AMOS 24.0。

5.4.3 结构方程模型分析

结构方程模型（Structural Equation Modeling，简称 SEM）是经济计量、

社会计量和心理计量等发展过程中的合成物，是整合因素分析和路径分析的多变量统计方法。不像其他大多数经济计量的方法，SEM 模型允许外衍变量和内衍变量的测量误差或残差项存在，同时允许潜变量存在，能够使研究者便捷地规划潜变量间的关系，从而检验显变量、潜变量、误差变量之间的关系，进而得到自变量对因变量的直接影响和间接影响。具体而言，结构方程模型的研究思路一般是凭借已有假设，推导出反映变量间关系的基础模型，然后通过显变量观测到的数据，经过结构模型运算，进而获取研究模型的拟合度和变量路径系数，通过分析明确假设是否成立。如果模型拟合度较好，则认为研究问题被检验；如果拟合度较差，就需要考虑对已有模型进行修正，直到模型完全被接受或完全被否定。同时要指出的是，与传统的统计学方法相比较来说，SEM 模型是一种将测量、分析集中为一体的研究方法，他更加适合大样本的检验。如果样本数量越多，SEM 的检验结果稳定性会更高。

综合来讲，结构方程模型分析是以变量间的共变关系为核心内容，同时借鉴一般线性模型分析技术整合变量，实现多变量分析的计量经济学软件。总的来讲，SEM 包含测量模型和结构模型，其中，测量模式是观察变量的一组线性函数，由潜变量与观察变量组成，潜变量在 SEM 中通常以椭圆形的符号表述，观察变量是问卷等测量工具所获取的数据，在 SEM 中通常以长方形的符号表述。通常，结构方程模型运用极大似然估计法估计，常用 LISREL、AMOS 和 MPLUS 等软件计算，其中，AMOS 软件的图形绘制功能和使用界面较为清晰，使得以 AMOS 软件展开 SEM 分析的应用范围较广。综上，借鉴学术界当前对研究理论模型和假设验证等较常见的研究方法，本研究具体选取 AMOS 24.0 软件对研究假设进行结构方程模型构建，并对本书提出的假设进行检验，以深入挖掘供应链伙伴特性、关系资本对供应链融资绩效的作用机理。

5.4.4 多群组结构方程模型分析

多群组结构方程模型的构建与检验目的在于探究适配于某一个群体的

路径模型图是否也适合于其他群体。该模型的研究方法重点在于评估不同群体对于同一个模型的适配情况。也就是说，需要评估研究者所提出的理论模型在不一样的群体之间是否相等，以证明出参数是否具有不变性，其中，不同样本群体的变量属性被称为“间断变量”。从而，研究者可以通过验证不同的模型是否拟合度通过检验，以及变量间关系路径的变化情况，来分析这个间断变量对于所提出模型的调节效应：如果多群组结构方程模型分析提出的假设模型通过检验，这说明假设可被接受，这个间断变量对原假设模型存在一定的调节效应。

另外，在多群组结构模型的参数设定中，如果将多个群体在模型中的所有相对应的参数设定为一致，则可称为“全部恒等性检验”，或“全部不变性检验”，此种检验是最为严格的模型。当然还有一类模型是设定了多个群体在模型当中存在部分参数的一致性，可称为“部分恒定性模型”。如果对多个群体的路径模型图均不设定限制，这种多群组模型的分析可称为“最宽松的模型”。具体地，研究可以通过设定不同的模型，从中挑选一个最为简单且适配度最高的模型对假设进行验证。

综合来说，多群组结构方程模型分析的原则在于，将原先单一样本的共变结构拆分为多个平行共变结构，从而评估不同群体间同一作用路径的差异性。基于此，本研究具体利用 AMOS 24.0 软件，通过设定多个平行共变结构，将供应链复杂性设定为间断变量，对不同群体的中小企业供应链融资绩效提升路径进行检验，以明确供应链复杂化发展趋势下，关系资本转化为供应链融资绩效以及在此之上网络能力的调节作用是否会发生变化，从而揭示中小企业提升供应链融资绩效的边界条件。

5.5 本章小结

在对本研究提出的相关假设进行实证研究之前，本章作为过渡性章节，按照上一章内容当中对供应链伙伴特性、关系资本、供应链融资绩效、网络能力以及供应链复杂性各变量的定义与维度划分来设计测度题项，然后对问卷的设计、发放、回收以及研究样本的选取原则和流程进行说明。为了保证本研究设计的实证程序较为科学，本部分同时对后续研究中将要使用的实证方法进行了介绍与梳理，以达到承上启下的作用。

6 模型假说检验

6.1 描述性统计分析

基于调研获取的数据，本书将展开两方面的描述性统计分析：一是针对调研回收的425份问卷，展开行业、成立时间、规模等内容的分析；二是针对变量的均值和标准差两个指标展开相应分析。

6.1.1 样本描述性统计分析

第一，本研究针对本次调研的研究对象展开相关描述性统计，具体分析被调研人员的职务、学历、年龄等基本信息，以及被调研人员所在企业的行业、经营时间等内容，具体统计结果如下。

（1）被调研人员职位分布（见表6－1）

表6－1　　被调研对象人员职位分布表

Table6－1　　Position Distribution of the Subjects Surveyed

指标	频次（人）	占比（%）
董事长	64	15.05
财务经理/主管	90	21.18
市场经理/主管	87	20.47
采购经理/主管	108	25.41

续表

指标	频次（人）	占比（%）
销售经理/主管	58	13.65
其他	18	4.24
合计	425	100

分析表6-1发现，本次调研对象当中占比最大的是财务经理与采购经理，这些人群是企业当中对供应链上下游最为熟悉的工作人员，尤其是财务和采购部门的经理/主管，他们不仅对其所在供应链上的企业较为熟悉，对企业的财务运营、投融资情况也更加了解，因而保证了本次调研当中通过发放问卷获取数据的真实性与有效性。

（2）被调研对象学历分布（见表6-2）

表6-2　　被调研对象学历分布表

Table6-2　　Academic Degrees of the Subjects Surveyed

指标	频次（人）	占比（%）
研究生及以上	97	22.82
本科	143	33.65
大专	123	28.94
高中/中专	60	14.12
初中及以下	2	0.47
合计	425	100

由表6-2统计结果得知，本次调研过程中参与填写问卷的人员学历包括多个层次，其中，本科学历及本科以上学历的人数共有240人，占总人数的50%以上，而高中专及以下学历的人员则占比较少。从调研问卷的填写情况来看，被调研人员的学历大部分处于中等偏上的水平，这也保证了此次调研过程中问卷的填写人员能够很清晰地了解问项所涉及的问题，确保调研获取的内容能够真实反映企业当前的情况。

（3）被调研对象年龄分布（见表6-3）

表 6-3 被调研对象年龄分布表

Table6-3 Age Degrees of the Subjects Surveyed

指标	频次（人）	占比（%）
51 岁以上	98	23.06
41—50 岁	156	36.71
31—40 岁	121	28.47
21—30 岁	50	11.76
合计	425	100

通过对问卷填写者的调研与统计发现，本次填写调研问卷的答卷者大多处于40岁以上，人数达到254人，占本次调研的约60%。一般而言，企业中处于领导岗位的人员大多需要多年的从业经验，并且在一个岗位至少从业过5—10年。从本次调研的结果来看，被调研人员的年龄大多处于41岁以上，这也从侧面反映了本次调研的人员所处岗位大多为领导岗位，或在本公司从业多年，对企业的发展有较详细的了解，能够保证本次调研问卷获取数据的代表性与真实性。

第二，本研究还针对被调研企业展开了基于企业基本属性的描述性统计，以具体分析被调研企业所属行业、经营时长和规模等方面的基本信息，从而能够总体了解当前供应链金融业务的发展情况。

（1）被调研企业行业分布（见表6-4）

表 6-4 被调研企业行业分布表

Table6-4 Industry Distribution of the Enterprises Surveyed

指标	频次（个）	占比（%）
机械制造、化工纺织业	88	20.71
医药制造业	69	16.24
计算机、通信和其他电子设备制造业	64	15.06
食品制造及农副产品制造业	57	13.41
环保新材料	61	14.35
建筑及房地产业	59	13.88
其他	27	6.35
合计	425	100

从表6-4统计结果来看，本次调研的中小企业大量属于机械制造、化工及纺织、电子及通信设备等行业的企业，尤其是机械制造和化工纺织行业的被调研企业占总调研样本的五分之一以上。

（2）被调研企业经营时长分布（见表6-5）

表6-5　　被调研企业经营时长分布表

Table6-5　　Age Distribution of Enterprises Surveyed

指标	频次（个）	占比（%）
10年以上	157	36.94
5—10年	143	33.65
3—5年	98	23.06
1—2年	25	5.88
1年以下	2	0.47
合计	425	100

表6-5统计结果显示，被调研中小企业有将近70%以上经营时长在5年之上，成立1年以下的企业寥寥无几。这一结果反映出，本次研究所选对象拥有较为长期的供应链管理认知经验，并由于长期的经营，在供应链当中能够与其他合作企业建立一定的关系资本。同时也说明本次调研企业所填写的问卷能够反映供应链节点中小企业对于关系资本应用、积累效果的反馈，得到的研究结果能够体现当前中小企业在供应链当中的发展情况。

（3）被调研企业员工、业务类型与年销售额统计结果（见表6-6）

表6-6　　被调研企业员工人数、营业收入分布表

Table6-6　　Employees Distribution and Business Income of Enterprises Surveyed

企业人数	频次（人）	占比（%）
800人以上	35	8.24
500—800人	33	7.76
300—500人	68	16
100—300人	163	38.35
100人以下	126	29.65
合计	425	100

续表

年销售额（百万元）	频次（个）	占比（%）
200 以上	29	6.82
100—200	98	23.06
50—100	146	34.35
10—50	128	30.12
10 以下	24	5.65
合计	425	100
业务类型	频次（个）	占比（%）
生产	176	41.41
生产与分销	129	30.35
分销	46	10.83
零售	25	5.88
物流服务	42	9.88
其他	7	1.65
合计	425	100

从表 6-6 中的总体统计结果来看，大量调研企业的年销售额在 5000 万元以上，被调研企业大部分属于生产和分销类，并且被调研企业的员工数量大多集中在 100 人以上，整体被调研企业的规模处于中等。在供应链业务的获取过程中，这些企业销量稳定，并能够在网络中占据较为有利的地位，不至于由于企业规模过小而失去供应链核心企业的信任或快速被大型企业并购，这也从侧面反映出本次调研对象适用于此次研究所设计的研究情境。

6.1.2 研究变量描述性统计分析

表 6-7 为本书研究变量的描述性统计结果。具体地，针对研究设计的几个变量［即资源互补性（RE）、文化相容性（CU）、目标协同性（TA）、信任（XR）、承诺（CN）、沟通（CO）、供应链融资绩效（SCF）、网络能力（NC）以及供应链复杂性（SCC）］的调研数据进行均值与标准差统计描述。对变量的描述性统计结果分析显示，各问项的标准差均大于 0.7，

并且在李克特五级正向量表中，所有题项获取样本数据分布较为广泛，能够鉴别不同调研对象的回应差异。

表 6-7　　变量的描述性统计结果

Table6-7　　Descriptive Statistical Results of Variables

测度项	均值	标准差
RE1	3.094	0.911
RE2	3.019	0.827
RE3	2.986	0.855
CU1	3.584	0.800
CU2	3.525	0.777
CU3	3.452	0.745
TA1	3.513	0.979
TA2	3.485	1.019
TA3	3.553	1.001
XR1	3.685	0.978
XR2	3.678	1.045
XR3	3.647	1.025
CN1	3.720	0.929
CN2	3.685	1.014
CN3	3.661	1.020
CO1	2.064	0.849
CO2	2.047	0.862
CO3	2.099	0.887
SCF1	3.487	0.998
SCF2	3.539	1.052
SCF3	3.532	0.941
NC1	3.186	0.989
NC2	3.337	1.013
NC3	3.249	1.032
SCC1	3.645	0.951
SCC2	3.657	0.995
SCC3	3.633	1.003
SCC4	3.671	0.966

6.2 相关性分析

本研究借鉴 Anderson 和 Gerbin[199] 的研究方法对变量间的相关关系进行初步分析，从表6-8中变量间的相关性检验结果发现，研究中各个变量的相关系数在0.5之内，并且每个自变量的VIF小于10，说明变量不存在多重共线性。

表6-8 变量相关性分析结果

Table6-8 Relevance Analysis of Variables

变量	RE	CU	TA	CN	XR	CO	SCF	NC	SCC
资源互补性 RE	1								
文化相容性 CU	0.225**	1							
目标协同性 TA	0.202**	0.368**	1						
承诺 CN	0.275**	0.396**	0.333**	1					
信任 XR	0.207**	0.242**	0.309**	0.462**	1				
沟通 CO	0.440**	0.282**	0.266**	0.047**	-0.010	1			
供应链融资绩效 SCF	0.317**	0.277**	0.352**	0.324**	0.323**	0.255**	1		
网络能力 NC	0.025	0.054	-0.048	0.073	-0.082	-0.081	-0.101*	1	
供应链复杂性 SCC	0.171**	0.269**	0.249**	0.474**	0.485**	0.032	0.299**	0.082	1

6.3 信度与效度分析

6.3.1 量表整体性分析

信度分析是衡量测度数据的稳定性和一致性情况。数据稳定性是表示多次使用同样方法对同一主体测量，结果是稳定的。数据一致性是表示题项间的关系具有一致性，即致力于同一个方面的测量。现有研究多从数据一致性来进行信度分析。信度越高，数据质量越好，研究结论就越可靠。

本研究在对量表进行信度检测时，主要使用克朗巴赫的阿尔法系数来判断量表内部一致性。具体地，Cronbach's α 值越大，量表可靠性越强：0.9 以上效果最好，介于 0.7—0.9，则信度是可接受的。

首先，对量表进行信度检验，通过验证问卷的 Cronbach's α 值获取整体量表的信度检验结果，本书以 0.7 为阈值标准。利用 SPSS 20.0 进行信度分析，分析结果如表 6 -9 所示。

表 6 -9　　整体量表的信度检验结果

Table6 -9　　Reliability Test Results of the Overall Scale

Cronbach's Alpha	N of Items
0.896	28

从表 6 -9 检验结果分析发现，本研究设计的整体量表 Cronbach's α 值大于 0.7 这一阈值标准，这说明，整体量表的信度是可接受的。

其次，对问卷整体进行巴特利球度检验和 KMO 检验，具体地，SPSS 20.0 软件输出检验结果如表 6 - 10 所示。从检验结果可以得到，KMO = 0.862 >0.7，巴特利球度检验值为 10735.3***，表明数据适用于因子分析。

表 6 -10　　整体量表的 KMO 和 Bartlett's 检验结果

Table6 -10　　KMO and Bartlett's Test

Kaiser - Meyer - Olkin Measure of Sampling Adequacy.		0.862
Bartlett's Test of Sphericity	Approx. Chi - Square	10735.300
	df	378
	Sig.	0.000

再次，本研究应用最大方差法对研究矩阵进行旋转，从而抽取出 9 个特征值大于 1 的主因子，从表 6 - 11 检验结果来看，本研究通过正交旋转总结得到的主因子与研究设计的潜变量数量相同，且因子的方差累计贡献率达到 86.606%，这说明输出结果是符合本研究量表构建过程对潜变量设

置的，即，本研究主要的研究变量可以定义为资源互补性（RE）、文化相容性（CU）、目标协同性（TA）、信任（XR）、沟通（CO）、承诺（CN）、供应链融资绩效（SCF）、网络能力（NC）、供应链复杂性（SCC）。

表 6－11　　整体量表的解释总方差

Table6－11　　Total Variance Explained

Component	Initial Eigenvalues			Extraction Sums of Squared Loadings		
	Total	% of Variance	Cumulative %	Total	% of Variance	Cumulative %
1	8. 208	29. 313	29. 313	8. 208	29. 313	29. 313
2	3. 865	13. 803	43. 116	3. 865	13. 803	43. 116
3	2. 769	9. 888	53. 005	2. 769	9. 888	53. 005
4	2. 131	7. 610	60. 615	2. 131	7. 610	60. 615
5	1. 750	6. 250	66. 865	1. 750	6. 250	66. 865
6	1. 688	6. 028	72. 893	1. 688	6. 028	72. 893
7	1. 507	5. 381	78. 274	1. 507	5. 381	78. 274
8	1. 264	4. 516	82. 790	1. 264	4. 516	82. 790
9	1. 069	3. 816	86. 606	1. 069	3. 816	86. 606
10	0. 440	1. 571	88. 177			
11	0. 341	1. 219	89. 396			
12	0. 282	1. 008	90. 404			
13	0. 259	0. 925	91. 329			
14	0. 254	0. 906	92. 235			
15	0. 245	0. 876	93. 111			
16	0. 224	0. 799	93. 910			
17	0. 222	0. 794	94. 704			
18	0. 200	0. 713	95. 417			
19	0. 182	0. 649	96. 066			
20	0. 170	0. 608	96. 674			
21	0. 157	0. 560	97. 234			
22	0. 149	0. 532	97. 766			
23	0. 137	0. 488	98. 254			
24	0. 125	0. 448	98. 702			

续表

Component	Initial Eigenvalues			Extraction Sums of Squared Loadings		
	Total	% of Variance	Cumulative %	Total	% of Variance	Cumulative %
25	0.116	0.414	99.116			
26	0.101	0.362	99.479			
27	0.094	0.337	99.816			
28	0.052	0.184	100.000			
Extraction Method：Principal Component Analysis.						

最后，本研究对整体量表进行验证性因子分析，以检验本研究整体量表的构建效度。具体地，本研究采用 Amos24.0 统计分析软件，对研究变量展开验证性因子分析，得到模型拟合度结果为：$\chi^2/df = 1.281 < 3$，$RMR = 0.022 < 0.06$，$RMSEA = 0.026 < 0.08$，$GFI = 0.939 > 0.9$，$CFI = 0.992 > 0.9$，$NFI = 0.963 > 0.9$，从检验结果来看，基于本研究量表构建的验证性因子分析模型的拟合度均达到适配度指标的相关要求，这说明本研究设计的整体问卷构念具有良好的构建效度。在对整体量表进行检验之后，对本研究涉及的多个各变量分别展开信、效度分析。

6.3.2 供应链伙伴特性信度与效度检验

（1）对供应链伙伴特性的三个维度变量进行信度分析

通过 SPSS 20.0 软件运算，得到各维度变量的 Cronbach's α 系数值，对检验结果进行信度分析。如果 Cronbach's α 值 >0.7，说明本研究测量题项的可信度较高。同时，本研究还结合变量检验结果的 CITC 值和 Cronbach's α if Item Deleted 值对量表进行净化。具体地，如果题项同时满足：①CITC 值 <0.5；②删除该题项后 α 系数增加，且大于综合 Cronbach's α 这两个条件，则说明该题项不通过信度检验，应删除该问项。

具体地，本研究通过 SPSS 20.0 软件，对供应链伙伴特性的各维度变量进行信度分析，检验结果如表 6 - 12 所示。

表 6 – 12　　　　供应链伙伴特性各变量信度分析结果

Table6 – 12　Reliability Analysis of Variables of Supply Chain Partner Characteristics

变量名称	测度题项	CITC	Cronbach's α if Item Deleted	Cronbach's α
资源互补性	RE1	0.474	0.813	0.937
	RE2	0.520	0.807	
	RE3	0.553	0.803	
文化相容性	CU1	0.494	0.810	0.821
	CU2	0.440	0.816	
	CU3	0.514	0.808	
目标协同性	TA1	0.583	0.799	0.898
	TA2	0.595	0.798	
	TA3	0.568	0.801	

首先，资源互补性、文化相容性以及目标协同性的 Cronbach's α 均大于 0.8，说明供应链伙伴特性各维度变量具有较好的信度。其次，本研究通过对比 CITC 值和 Cronbach's α if Item Deleted 值的检验结果，进一步净化本研究设计的问项，观察表 6 – 12 中对供应链伙伴特性各维度变量的检验结果发现，虽然部分题项的 CITC 值小于 0.5，但大于最低可接受值 0.3，同时，各测量问项的 Cronbach's α if Item Deleted 值 < Cronbach's α 值，说明研究过程中删除该题项后，无法提高量表的内部一致性，因而可以判断，供应链伙伴特性量表的内部一致性良好，所有变量均通过信度检验，资源互补性、文化相容性及目标协同性 3 个维度 9 个测量条款的同质性较高，获得调查数据较为可靠，能够真实地反映调查对象的真实情况。

（2）对量表的效度进行检验

在因子分析前，先对供应链伙伴特性进行巴特利球度检验和 KMO 检验。具体地，SPSS 20.0 软件输出检验结果如表 6 – 13 所示。从检验结果可以得到，KMO = 0.794 > 0.7，巴特利球度检验值为 2455.170***，表明数据适用于因子分析。

表 6－13　供应链伙伴特性的 KMO 和 Bartlett's 检验结果

Table6－13　KMO and Bartlett's Test Result of Supply Chain Partner Characteristics

Kaiser－Meyer－Olkin Measure of Sampling Adequacy.		0.794
Bartlett's Test of Sphericity	Approx. Chi－Square	2455.170
	df	36
	Sig.	0.000

（3）对变量进行探索性因子分析和验证性因子分析

首先，应用 SPSS 20.0 统计学软件对供应链伙伴特性的测量量表进行探索性因子分析，得到供应链伙伴特性各题项的因子载荷，通过计算发现，各变量的因子载荷均大于 0.6，然后计算变量的组合信度（CR）和平均变异量抽取值（AVE），计算结果如表 6－14 所示。从检验结果分析可以看出，供应链伙伴特性的三个维度（资源互补性、文化相容性、目标协同性）组合信度均大于0.7，平均变异量抽取值均大于0.5，说明量表具备较好的收敛效度。

表 6－14　供应链伙伴特性的探索性因子分析结果

Table6－14　Result of Exploratory Factor Analysis of Supply Chain Partner Characteristics

变量名称	测度题项	因子载荷	组合信度（CR）	平均变异量抽取值（AVE）
资源互补性	RE1	0.91	0.938	0.834
	RE2	0.91		
	RE3	0.92		
文化相容性	CU1	0.79	0.824	0.611
	CU2	0.71		
	CU3	0.84		
目标协同性	TA1	0.87	0.898	0.745
	TA2	0.87		
	TA3	0.85		

其次，本研究应用验证性因子分析的方法，以检验供应链伙伴特性的构建效度，通过 AMOS 24.0 的分析发现，以供应链伙伴特性为主，构建的验证性因子分析模型的拟合结果为：$\chi^2/df = 1.560 < 3$，$RMR = 0.021 < 0.06$，$RMSEA = 0.036 < 0.08$，$GFI = 0.981 > 0.9$，$NFI = 0.985 > 0.9$，所有指标的检验结果均达到适配度指标的相关要求，这说明供应链伙伴特性这一构念具有良好的构建效度。

6.3.3 关系资本信度与效度检验

（1）对关系资本这一变量的各维度问项展开细致的信度分析

具体地，研究主要采用 Cronbach's α 系数进行测量，如果检验得到的 Cronbach's α 值越大，则说明测量题项的信度也就越高，同时研究配合应用 SPSS 20.0 软件分析得到的"CICT 值"和"删除该题项后 α 系数增加"这两个条件，对关系资本下属各维度的题项进行净化。具体地，关系资本各维度的信度检验结果如表 6-15 所示。

表 6-15 关系资本各变量信度分析结果

Table6-15 Reliability Analysis of Variables of Relational Capital

变量名称	测度题项	CITC	Cronbach's α if Item Deleted	Cronbach's α
信任	XR1	0.593	0.788	0.944
	XR2	0.613	0.785	
	XR3	0.623	0.783	
沟通	CO1	0.378	0.823	0.929
	CO2	0.393	0.821	
	CO3	0.302	0.821	
承诺	CN1	0.622	0.785	0.942
	CN2	0.632	0.782	
	CN3	0.643	0.781	

从表 6-15 看出，信任、沟通与承诺三个维度的 Cronbach's α 值均大于 0.7，说明关系资本变量具有较好的信度。同时，观察所有题项的删除

该题项目后的 Cronbach's α 系数值和 CITC 值发现，不能通过删除其中某一题项提高量表的内部一致性，本研究设计的关系资本量表的内部一致性较好，所有变量均通过了信度检验。

(2) 对关系资本展开效度分析

首先，对关系资本进行巴特利球度检验和 KMO 检验。具体地，SPSS 20.0 软件输出检验结果如表 6-16 所示。从检验结果可以得到，KMO = 0.793 > 0.7，巴特利球度检验值为 3555.162***，表明数据适用于因子分析。

表 6-16　关系资本的 KMO 和 Bartlett's 检验结果

Table6-16　KMO and Bartlett's Test Result of Relational Capital

Kaiser-Meyer-Olkin Measure of Sampling Adequacy.		0.793
Bartlett's Test of Sphericity	Approx. Chi-Square	3555.162
	df	36
	Sig.	0.000

其次，运用探索性因子分析检验关系资本的收敛效度，检验结果如表 6-17 所示。从探索性因子分析结果可以看出，关系资本各变量的因子载荷均大于 0.6，因而关系资本的结构效度较高。同时，计算得到各维度变量的组合信度（CR）和平均变异量抽取值（AVE），结果如表 6-17 所示。

表 6-17　关系资本的探索性因子分析结果

Table6-17　Result of Exploratory Factor Analysis of Relational Capital

变量名称	测度题项	因子载荷	组合信度（CR）	平均变异量抽取值（AVE）
信任	XR1	0.88	0.946	0.854
	XR2	0.96		
	XR3	0.93		
沟通	CO1	0.85	0.928	0.812
	CO2	0.95		
	CO3	0.90		

续表

变量名称	测度题项	因子载荷	组合信度（CR）	平均变异量抽取值（AVE）
承诺	CN1	0.88	0.946	0.854
	CN2	0.95		
	CN3	0.94		

从表6-17分析还发现，信任、沟通与承诺三个维度变量的组合信度均大0.7，平均变异量抽取值均大于0.5，说明关系资本的三个维度信任、沟通和承诺具有较好的收敛效度。

（3）对关系资本进行验证性因子分析，进而检验变量的构建效度

具体地，研究通过构建基于关系资本的验证性因子分析模型进行检验，得到检验结果显示，模型拟合结果 $\chi^2/df=1.304<3$，$RMR=0.014<0.06$，$RMSEA=0.027<0.08$，$NFI=0.991>0.9$，$RFI=0.987>0.9$，模型的上述所有拟合指数均达到适配度指标的相关要求，说明本问卷设计的关系资本这一变量的构念具有良好的构建效度。

6.3.4 供应链融资绩效信度与效度检验

（1）对供应链融资绩效信度进行分析

本研究仍然采用 Cronbach's α 系数检验供应链融资绩效的信度，从表6-18的分析结果可以看出，供应链融资绩效的 Cronbach's α 系数值为 $0.918>0.7$，且供应链融资绩效各题项的 Cronbach's α if Item Deleted 系数值均小于所属维度的 Cronbach's α 系数值，CITC 值也均大于0.5，表明此量表内部一致性较高，量表整体信度良好。

（2）对供应链融资绩效展开效度分析

对供应链融资绩效进行巴特利球度检验和 KMO 检验。具体地，SPSS 20.0 软件输出检验结果如表6-19所示。从检验结果可以得到，$KMO=0.740>0.7$，巴特利球度检验值为 960.973^{***}，表明数据适用于因子分析。

表 6-18　　供应链融资绩效各变量信度分析结果

Table6-18　　Reliability Analysis of Variables of Supply Chain Finance Performance

变量名称	测度题项	CITC	Cronbach's α if Item Deleted	Cronbach's α
供应链融资绩效	SCF1	0.793	0.915	0.918
	SCF2	0.875	0.848	
	SCF3	0.841	0.879	

表 6-19　　供应链融资绩效的 KMO 和 Bartlett's 检验结果

Table6-19　　KMO and Bartlett's Test Result of Supply Chain Financing Performance

Kaiser-Meyer-Olkin Measure of Sampling Adequacy.		0.740
Bartlett's Test of Sphericity	Approx. Chi-Square	960.973
	df	3
	Sig.	0.000

（3）对供应链融资绩效进行探索性因子分析

从表 6-20 可以看出，供应链融资绩效的各问项因子载荷结果均大于 0.6，说明供应链融资绩效的结构效度良好。在此基础上，计算并分析供应链融资绩效的 CR 值和 AVE 值发现，供应链融资绩效这一变量的组合信度均大于 0.7，平均变异量抽取值均大于 0.6，说明该变量具有较好的收敛效度。

表 6-20　　供应链融资绩效的探索性因子分析结果

Table6-20　　Result of Exploratory Factor Analysis of Supply Chain Finance Performance

变量名称	测度题项	因子载荷	组合信度（CR）	平均变异量抽取值（AVE）
供应链融资绩效	SCF1	0.83	0.920	0.795
	SCF2	0.95		
	SCF3	0.89		

6.3.5 网络能力信度与效度检验

（1）对网络能力信度进行分析

本研究应用 Cronbach's α 系数测量网络能力这一变量的信度，从表 6－21 网络能力各问项的信度检验结果分析可知，网络能力的 Cronbach's α 系数值为 0.916 > 0.7，且网络能力的各题项 Cronbach's α if Item Deleted 系数值均小于所属维度的 Cronbach's α 系数值，CITC > 0.5，表明本研究设计的网络能力测量量表内部一致性较高，该变量量表的整体信度良好。

表 6－21　　网络能力信度分析结果

Table6－21　Reliability Analysis of Variables of Network Capability

变量名称	测度题项	CITC	Cronbach's α if Item Deleted	Cronbach's α
网络能力	NC1	0.836	0.876	0.916
	NC2	0.830	0.880	
	NC3	0.828	0.883	

（2）对网络能力这一变量进行效度分析

对网络能力进行巴特利球度检验和 KMO 检验。具体地，SPSS 20.0 软件输出检验结果如表 6－22 所示。从检验结果可以得到，KMO = 0.761 > 0.7，巴特利球度检验值为 901.215***，表明数据适用于因子分析。

表 6－22　　网络能力的 KMO 和 Bartlett's 检验结果

Table6－22　KMO and Bartlett's Test Result of Network Capability

Kaiser－Meyer－Olkin Measure of Sampling Adequacy.		0.761
Bartlett's Test of Sphericity	Approx. Chi－Square	901.215
	df	3
	Sig.	0.000

（3）对量表进行探索性因子分析

对量表进行探索性因子分析以便检验网络能力这一变量的结构效度，检验结果如表 6－23 所示。从表 6－23 中分析发现，网络能力各题项的因子载荷均大于0.6，且CR值和AVE值均大于相应阈值，说明网络能力具有较好的结构效度和收敛效度。

表6-23 网络能力的探索性因子分析结果

Table6-23 Result of Exploratory Factor Analysis of Network Capability

变量名称	测度题项	因子载荷	组合信度（CR）	平均变异量抽取值（AVE）
网络能力	NC1	0.89	0.917	0.780
	NC2	0.88		
	NC3	0.88		

6.3.6 供应链复杂性信度与效度检验

（1）对供应链复杂性的信度进行分析

本研究采用Cronbach's α系数测量问卷信度，从表6-24的分析结果得知，供应链复杂性的Cronbach's α系数值为0.963，大于0.7这一阈值。同时，对供应链复杂性各题项进行净化，结果显示，Cronbach's α if Item Deleted系数值均小于所属维度的Cronbach's α系数值，CITC值也均大于0.5，说明供应链复杂性这一变量的测量量表整体信度良好。

表6-24 供应链复杂性各变量信度分析结果

Table6-24 Reliability Analysis of Variables of Supply Chain Complexity

变量名称	测度题项	CITC	Cronbach's α if Item Deleted	Cronbach's α
供应链复杂性 SCC	SCC1	0.880	0.959	0.963
	SCC2	0.946	0.939	
	SCC3	0.882	0.959	
	SCC4	0.924	0.946	

（2）对供应链复杂性这一变量进行效度分析

对供应链复杂性进行巴特利球度检验和KMO检验，SPSS 20.0软件输出检验结果如表6-25所示。从检验结果可以得到，KMO=0.850>0.7，巴特利球度检验值为 2148.656***，表明数据适用于因子分析。

表 6－25　　供应链复杂性的 KMO 和 Bartlett's 检验结果

Table6－25　　KMO and Bartlett's Test Result of Supply Chain Complexity

Kaiser－Meyer－Olkin Measure of Sampling Adequacy.		0.850
Bartlett's Test of Sphericity	Approx. Chi－Square	2148.656
	df	6
	Sig.	0.000

（3）对量表进行探索性因子分析

本研究对供应链复杂性这一变量量表进行探索性因子分析，以检验供应链复杂性量表的结构效度，检验结果如表 6－26 所示。从检验结果可以看出，供应链复杂性的探索性因子分析结果均大于 0.7，计算组合信度（CR）和平均变异量抽取值（AVE），组合信度均大于 0.7，平均变异量抽取值为 0.866，大于 0.6 这一阈值，说明量表具有较好的收敛效度。

表 6－26　　供应链复杂性的探索性因子分析结果

Table6－26　　Result of Exploratory Factor Analysis of Supply Chain Complexity

变量名称	测度题项	因子载荷	组合信度（CR）	平均变异量抽取值（AVE）
供应链复杂性 SCC	SCC1	0.90	0.963	0.866
	SCC2	0.97		
	SCC3	0.91		
	SCC4	0.94		

6.4　假设检验

6.4.1　模型构建

首先，本研究采取有放回的抽样模式，对原始样本 425 个数据进行结构方程模型拟合分析，基于对相应路径的拟合，得到模型的拟合路径系数。为了简洁、明了地反映所要研究的主变量间的关系，在图 6－1 中仅显示本研究所需要分析的路径系数及其显著性。具体地，本研究应用 AMOS 24.0 软件对结构方程模型进行拟合，并在软件中设置 Bootstrap 样本为 5000，置信水平设置为 95%，然后进行 Bollen－Stine Bootstrap 运算，得到供应链伙伴特性、关系资本与供应链融资绩效关系的作用路径拟合图，如图 6－1 所示。

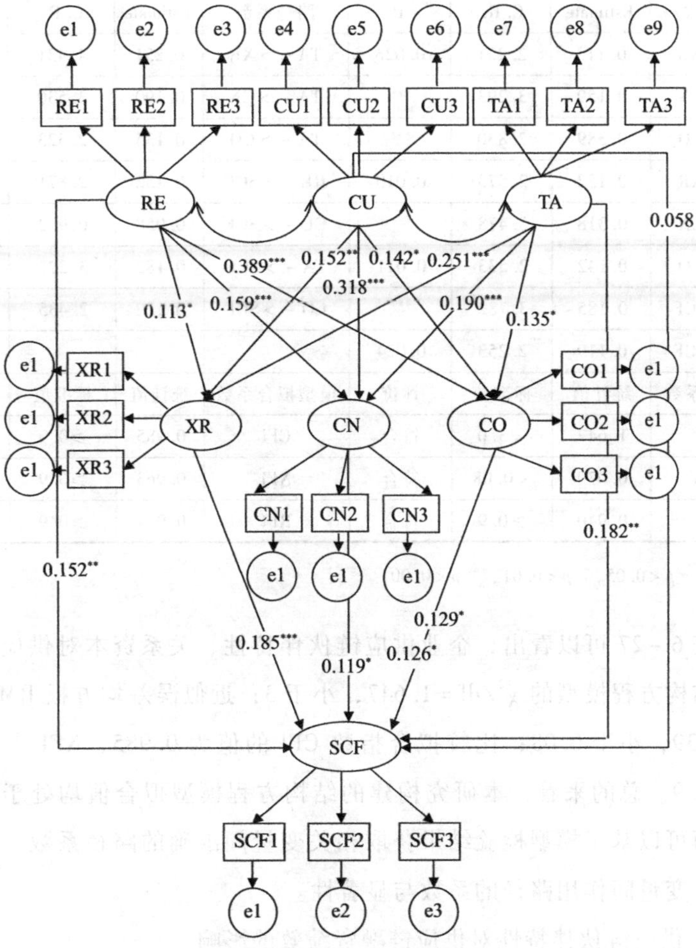

图 6－1　结构方程拟合图

Fig. 6－1　Structural Equation Fitting Chart

其次，本研究主要通过各变量间关系路径的 C. R 值、P 值判断路径系数的显著性，参考 χ^2/d、*RMSEA*、*GFI*、*CFI*、*NFI* 等模型拟合度指标来检验模型的拟合度，从而明确构建的结构方程初始模型是否符合相应标准。具体地，通过分析，总结得到相应拟合结果和路径系数的检验值如表 6－27 所示。

表 6－27　　结构方程模型的检验结果及拟合值

Table6－27　Test Results and Fitting Values of Structural Equation Model

路径系数	Estimate	C. R.	P	路径系数	Estimate	C. R.	P
RE－>XR	0.113	2.231	0.026	TA－>XR	0.251	4.431	***
RE－>CN	0.159	3.293	***	TA－>CN	0.190	3.530	***
RE－>CO	0.389	7.830	***	TA－>CO	0.135	2.523	0.012
CU－>XR	0.152	2.573	0.010	RE－>SCF	0.152	2.871	0.004
CU－>CN	0.318	5.478	***	CU－>SCF	0.058	0.972	0.331
CU－>CO	0.142	2.533	0.011	TA－>SCF	0.182	3.272	0.001
XR－>SCF	0.185	3.782	***	CO－>SCF	0.129	2.435	0.015
CN－>SCF	0.119	2.253	0.024				
模型拟合系数	统计值	标准值	评价	模型拟合系数	统计值	标准值	评价
χ^2/df	1.647	<3.0	符合	CFI	0.985	≥0.9	符合
RMSEA	0.039	<0.08	符合	NFI	0.963	≥0.9	符合
GFI	0.940	≥0.9	符合	RFI	0.954	≥0.9	符合

说明：* $p<0.05$, ** $p<0.01$, *** $p<0.001$。

从表 6－27 可以看出，企业供应链伙伴特性、关系资本对供应链融资绩效的结构方程模型的 $\chi^2/df=1.647$，小于 3；近似误差均方根 RMSEA 的值为 0.039，小于 0.08；比较拟合指数 CFI 的值为 0.985，NFI 为 0.963，均大于 0.9。总的来看，本研究构建的结构方程模型拟合值均处于合理范围，因而可以基于模型检验结果获取相关变量间准确的路径系数，以分析并总结各变量间作用路径的系数与显著性。

（1）供应链伙伴特性对供应链融资绩效的影响

从上述供应链伙伴特性对供应链融资绩效的作用系数和显著性发现，资源互补性对供应链融资绩效存在正向促进作用，路径系数为 0.152（p＝

0.004 < 0.01）；目标协同性对供应链融资绩效的作用效果为 0.182（$p = 0.001 < 0.01$），说明目标协同性对供应链融资绩效起到显著的正向促进作用；而文化相容性对供应链融资绩效的作用效果为 0.058，但显著度 $P = 0.331 > 0.05$，说明文化相容性对供应链融资绩效的直接作用效果不显著。综上所述，原文假设 H1、H3 成立，而 H2 不成立。

（2）供应链伙伴特性对关系资本的影响

从本研究构建的结构方程模型分析得到供应链伙伴特性对关系资本的作用效果可知，资源互补性对信任、沟通和承诺三个维度的作用效果分别为 0.113（$p = 0.026 < 0.05$）、0.389（$p < 0.001$）和 0.159（$p < 0.001$），说明资源互补性对关系资本的三个维度均为显著的正向促进作用；文化相容性对信任、沟通和承诺三个维度的作用效果分别为 0.152（$p = 0.01 < 0.05$）、0.142（$p = 0.011 < 0.05$）和 0.318（$p < 0.001$），说明文化相容性对关系资本的三个维度均呈现出显著的正向促进作用；目标协同性对信任、沟通与承诺三个维度的作用效果分别为 0.251（$p < 0.001$）、0.135（$p = 0.012 < 0.05$）、0.190（$p < 0.001$），说明目标协同性对关系资本的三个维度均为显著的正向促进作用，假设 H4、H5、H6 成立。

（3）关系资本对供应链融资绩效的影响

从上述构建的结构方程模型路径系数拟合结果分析得到，供应链上中小企业积累的关系资本对供应链融资绩效的作用效果有所差异。总结发现，信任对供应链融资绩效起到正向促进作用，作用系数为 0.185（$p < 0.001$）；沟通对供应链融资绩效起到正向促进作用，作用系数为 0.129（$p = 0.015 < 0.05$）；承诺对供应链融资绩效起到正向促进作用，作用系数为 0.119（$p = 0.024 < 0.05$）。这说明，关系资本对供应链融资绩效存在显著的促进作用，其中信任维度对供应链融资绩效的作用效果最大，假设 H7、H8、H9 成立。

6.4.2 关系资本的中介效应假设检验

通过结构方程的构建与拟合，我们得到供应链伙伴特性、关系资本各维度对供应链融资绩效的直接、间接作用路径的分路径作用效果。接着，需要对关系资本三个维度的中介效应进行验证。所谓“中介效应”，是指两个变量间的直接效应不显著，但可以通过其他变量传导，进而反映为两变量间的间接关系显著。温忠麟[200]的研究指出（见图6－2），如果自变量X与因变量Y不存在直接的作用关系，而是通过变量M来影响因变量Y，这时，就必须将变量M的中介效应纳入研究范畴。图6－2中，$Y = cX + e$；$M = aX + e$；$Y = c'X + bM + e$。

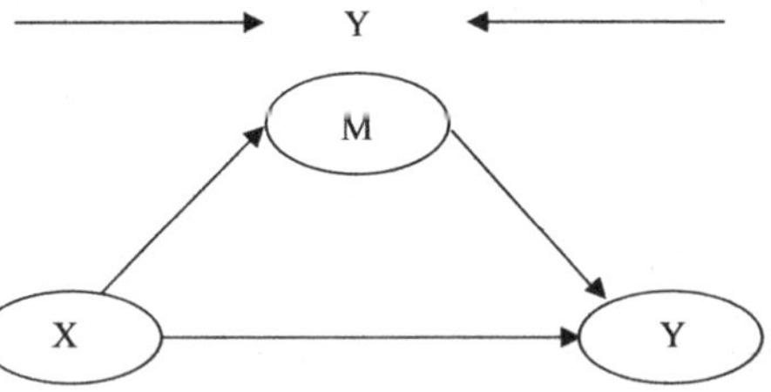

图6－2　中介效应模型结构图

Fig. 6－2　Structural Diagram of Mediation Effect Model

说明：参考自温忠麟等的研究《调节效应与中介效应的比较和应用》[200]。

式中，a为X对M的直接作用效果，b指代中介变量M对因变量Y的直接作用效果，c则指代自变量X对因变量Y存在影响的总效应；$a \times b$反映了M的中介效应，c′则是自变量X对因变量Y产生的直接效应。判断M的中介效应，可通过对不同变量之间关系的路径系数与显著性进行分析，从而明确变量间的作用关系。具体地，本研究对于模型中存在的中介变量的中介效应检验方法包括以下几个步骤：首先，需要考察自变量X对因变量Y的作用路径系数值c；其次，再检验获取自变量X对中介变量M的路径系数值a；再次，考察中介变量M对因变量Y的作用路径系数值b，同时考察两个路径系数的乘积值$a \times b$，如果该值为非零值且显著，则可以断定变量X与变量Y存在中介效应且变量M为中介变量；最后，本研究还应用系数乘积项Sobel检验法对关系资本的中介效应进行二次验证。

基于结构方程模型的路径系数与拟合结果，本研究具体采用变量系数相乘的Sobel检验法来测量关系资本三个维度在供应链伙伴特性与供应链融资绩效之间存在的中介效应。首先，在上述结构方程模型中，本研究检验了各变量之间的关系显著性；其次，参照温忠麟等[200]提出的检验程序计算出的Sobel Z检验值，并将其与相应的临界值进行对比，如果临界值小丁Sobel检验值，则说明中介效应显著，反之则中介效应不显著。

具体地，本研究通过统计并计算，得到供应链伙伴特性通过关系资本对供应链融资绩效作用效果的Sobel Z统计值，根据Mackinnon[201]的临界值比率表，当样本在200—500时，P=0.05的Sobel临界值比率为0.92，因此，当p=0.05时，Sobel Z值大于0.92，则可以确认中介效应的显著性，检验结果如表6-28所示。

表6-28　　　关系资本各维度的中介效应显著性分析

Table6-28　The Significance Analysis of the Mediating Effect of the Three Dimensions of Relational Capital

路径介绍	研究假设	Sobel Z值（p=0.05）	显著性
资源互补性→信任→供应链融资绩效	H10a	1.813	显著
资源互补性→承诺→供应链融资绩效	H10b	1.663	显著
资源互补性→沟通→供应链融资绩效	H10c	2.299	显著
文化相容性→信任→供应链融资绩效	H11a	1.654	显著
文化相容性→承诺→供应链融资绩效	H11b	1.764	显著
文化相容性→沟通→供应链融资绩效	H11c	1.600	显著
目标协同性→信任→供应链融资绩效	H12a	2.900	显著
目标协同性→承诺→供应链融资绩效	H12b	1.728	显著
目标协同性→沟通→供应链融资绩效	H12c	2.337	显著

从表6-28中的检验结果总结得到，关系资本各维度在不同作用路径下的中介效应如下。

首先，信任在供应链伙伴特性（资源互补性、文化相容性、目标协同性）与供应链融资绩效关系间的中介效应显著。从表6-28分析发现，信任在资源互补性与供应链融资绩效间的Sobel z值=1.813，且显著，说明信任在资源互补性与供应链融资绩效间的中介效应显著；信任在文化相容性与供应链融资绩效间的Sobel z值=1.654，且显著，说明信任在文化相容性与供应链融资绩效间的中介效应显著；信任在目标协同性与供应链融资绩效间的 Sobel z 值 =2.900，且显著，说明信任在目标协同性与供应链融资绩效间的中介效应显著，假设 H10a、H11a、H12a 成立。

其次，承诺在供应链伙伴特性（资源互补性、文化相容性、目标协同性）与供应链融资绩效关系间的中介效应显著。从表 6－28 发现，承诺在资源互补性与供应链融资绩效间的 Sobel z 值 =1.663，且显著，说明承诺在资源互补性与供应链融资绩效间的中介效应显著；承诺在文化相容性与供应链融资绩效间的 Sobel z 值 =1.764，且显著，说明承诺在文化相容性与供应链融资绩效间的中介效应显著；承诺在目标协同性与供应链融资绩效间的 Sobel z 值 =1.728，且显著，说明承诺在目标协同性与供应链融资绩效间的中介效应显著，综上，假设 H10b、H11b、H12b 成立。

最后，沟通在供应链伙伴特性（资源互补性、文化相容性、目标协同性）与供应链融资绩效间的关系中呈现的中介效应显著。从表 6－28 分析发现，沟通在资源互补性与供应链融资绩效间的 Sobel z 值 =2.299，且显著，说明信任在资源互补性与供应链融资绩效间的中介效应显著；沟通在文化相容性与供应链融资绩效间的 Sobel z 值 =1.600，且显著，说明沟通在文化相容性与供应链融资绩效间的中介效应显著；沟通在目标协同性与供应链融资绩效间的 Sobel z 值 =2.337，且显著，说明沟通在目标协同性与供应链融资绩效间的中介效应显著，综上，假设 H10c、H11c、H12c 成立。

6.4.3 网络能力的调节效应假设检验

当自变量 X 与因变量 Y 之间的关系会受到某一个变量 W 的影响时，可以将这个变量 W 称为“调节变量”。不同于中介变量模型的构建与检验，对于调节变量存在调节效应的检验一般可以通过图 6－3 所示的过程展开检验。由于调节变量可以是一个定性的数据，也可以是定量的数据，因而其对于自变量和因变量之间关系的作用效果一般存在正向或负向的影响，并通过分析可以得到影响的强弱效果。图 6－3 中，Y =f（X，M）+

e；$Y = aX + bW + cXW + e$；可把上式改写为：$Y = bM + (a + cW)X + e$。

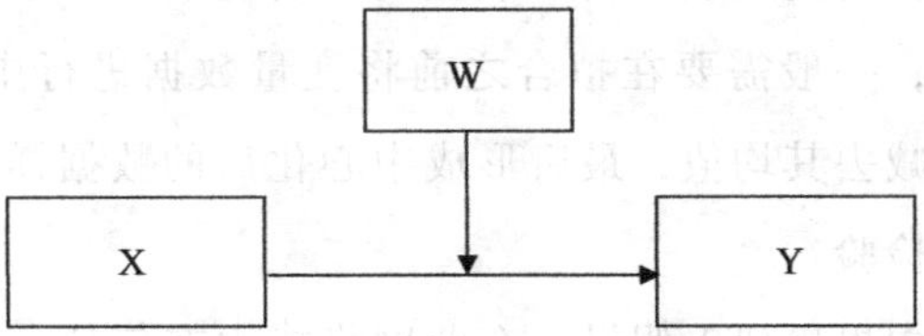

图 6-3 调节效应模型示例图

Fig. 6-3 An Example Diagram of Moderating Effect Model

从图 6-3 和调节效应模型的公式来看，作为一个固定的调节变量 W，自变量和因变量之间的关系是 W 的线性函数，可用 $a + cW$ 来表示，其中 c 为调节变量 W 的调节效应系数。当前，为了能够研究调节变量起到的调节效应，大量学者总结了不同的方法，并选用不同的计量软件对调节变量的调节效应展开研究。但总的来说，对于变量调节效应的分析一般都是通过构建 X 和 W 的交互项，进而分析交互项的系数、显著性，从而得到相应的检验结果。从统计学的视角来看，温忠麟等[202]指出，对于调节效应模型的分析与检验和交互效应模型检验如出一辙，唯一不同的地方在于，研究者对于模型的解释可能有所差异。一般来说，交互效应的分析模型当中所有自变量会处于同等地位，而每一个自变量都可以被解释为调节变量，但如果其中一个变量可以作为调节变量存在，那么就会变为调节效应模型的分析。因而，在一般的统计过程中，对调节效应模型的验证通常是研究变量的交互效应。

具体地，通过对 c 的估计和检验，明确 W 的调节效应，如果 c 显著，说明调节变量 W 的调节效应是显著的。进一步，为了得到变量的调节效应，温忠麟、吴艳[203]提出了无约束方程法对调节变量的调节效应进行检验，该方法一经发布，引起了学术界的大量关注，至今已经被上百篇学术研究的论文应用到各个领域的研究当中。所谓“无约束方程法”，主要是通过设计交互项，进而对调节变量的调节效应进行检验。该方法的核心思想是：通过构建结构方程：$Y = R1 \times X + R2 \times M + R3 \times X \times W + e$，对 W 这个调节变量作用于 X 和 Y 之间的调节效应进行检验，其中，R1、R2 代表主效应，R3 代表交互效应，乘积 X×W 可以被看作是第 3 个潜变量。同时需要注意的是，在对变量展开调节效应的分析之前，为了避免数据多重共线性产生的影响，一般需要在拟合之前将变量数据进行中心化处理，即，用变量的观测值减去其均值，最后形成中心化后的数据样本，进而对变量的调节效应进行检验。

在本研究当中提出如下假设：企业网络能力在信任、沟通和承诺与供应链融资绩效提升的作用路径中发挥正向调节效应，具体的研究假设路径示意如图 6-4 所示。

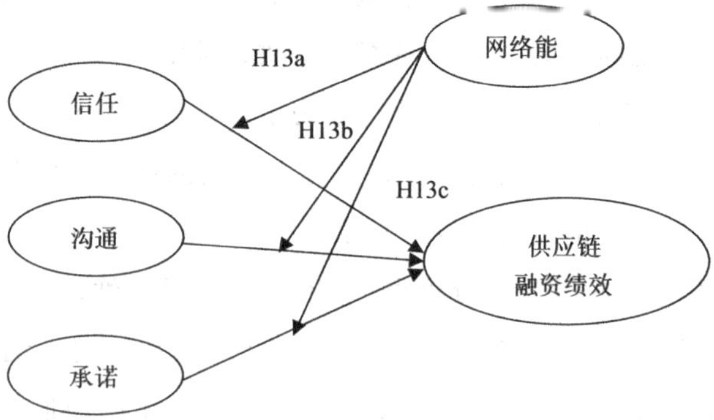

图 6-4 网络能力的调节效应示意图

Fig. 6-4 Schematic Diagram of Regulating Effect of Network Capability

为了能够验证研究提出的相关假设，本研究将对网络能力在企业关系资本的不同维度与供应链融资绩效中的调节作用进行整体检验，以明确网络能力在关系资本与供应链融资绩效间的调节效应。根据上述检验思想，本研究设计对潜变量调节效应的具体检验步骤如下：首先，将各潜变量的所有观测变量作中心化处理，得到新的数据串；其次，将信任、承诺与沟通三个维度的观测指标与网络能力观测指标配对相乘，生成新的数据串，并将其视为新的潜变量 X×W 的 3 个观测指标；最后，构建无约束方程模型，进而应用 AMOS 24.0 软件，对 3 个交互项的路径系数值和显著性进行检验，若关系资本的三个维度与网络能力的交互项拟合路径系数为正，且显著，则说明网络能力这个变量的在关系资本与供应链融资绩效间的正向调节效应显著。

具体地，通过构建新的结构方程模型 SEM 2，得到本研究设计的包含网络能力与关系资本三维度交互项的结构方程 SEM2 的路径系数图（见图 6－5）。

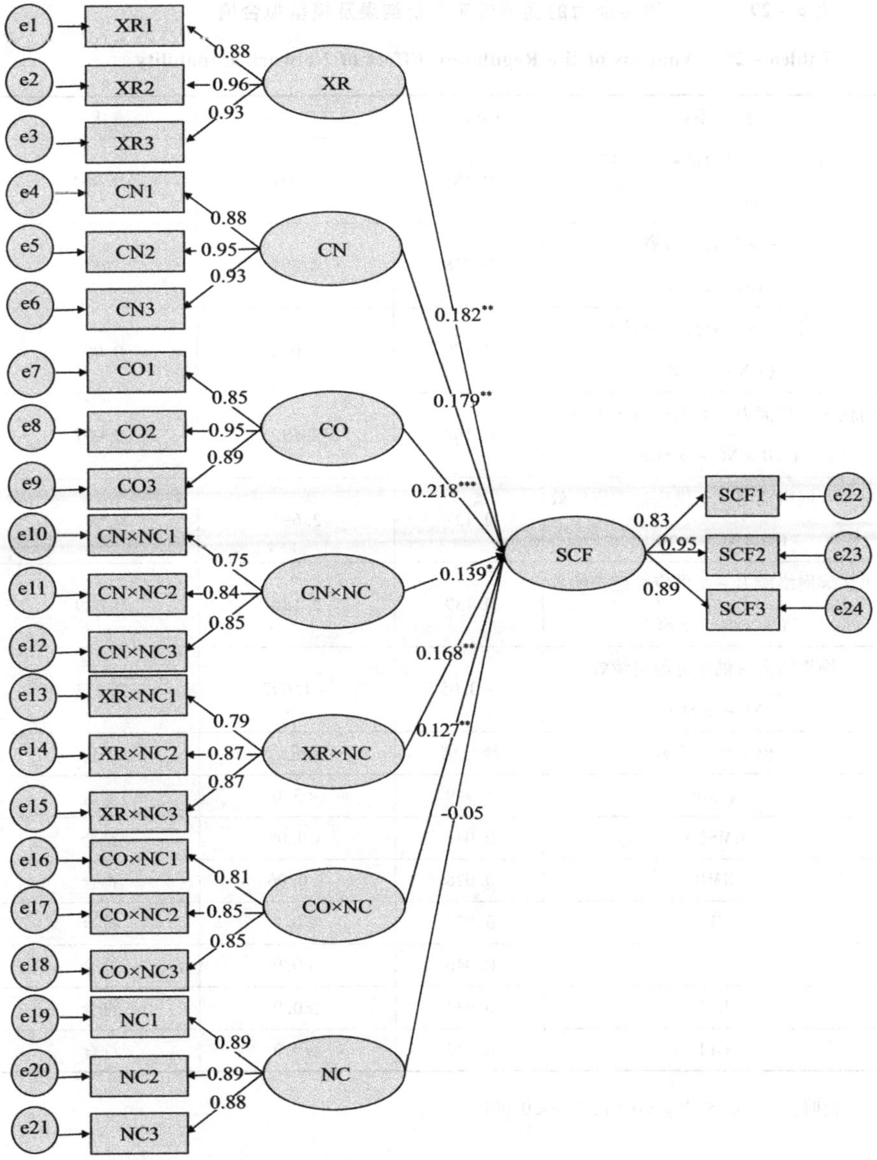

图 6－5 SEM 2 的路径系数拟合图

Fig 6－5 Path coefficient fitting diagram of Sem2

说明：* $p<0.05$，** $p<0.01$，*** $p<0.001$。

通过拟合，得到新构建的结构方程模型 SEM2 相应的拟合结果及各变量间的路径系数，如表 6－29 所示。

表 6－29　　网络能力的调节效应分析结果及模型拟合值

Table6－29　Analysis of the Regulating Effect of Network Capability

路径系数	Estimate	C. R.	P
信任－>供应链融资绩效（XR－>SCF）	0.182	3.077	0.002
沟通－>供应链融资绩效（CO－>SCF）	0.218	4.805	***
承诺－>供应链融资绩效（CN－>SCF）	0.179	3.032	0.002
信任×网络能力－>供应链融资绩效（XR×NC－>SCF）	0.168	2.699	0.007
沟通×网络能力－>供应链融资绩效（CO×NC－>SCF）	0.127	2.691	0.007
承诺×网络能力－>供应链融资绩效（CN×NC－>SCF）	0.139	2.180	0.029
网络能力－供应链融资绩效 NC－>SCF	－0.05	－1.097	0.273
模型拟合系数	统计值	标准值	评价
χ^2/df	1.949	<3.0	符合
RMSEA	0.047	<0.08	符合
RMR	0.028	<0.06	符合
CFI	0.973	≥0.9	符合
NFI	0.946	≥0.9	符合
RFI	0.934	≥0.9	符合
GFI	0.924	≥0.9	符合

说明：* $p<0.05$，** $p<0.01$，*** $p<0.001$。

具体地，为了明确网络能力对于关系资本与供应链融资绩效间的调节效应，本研究主要分析网络能力对关系资本各维度与供应链融资绩效的交互项路径系数和显著性。分析发现，所有交互项系数均为正，且显著度较高，这说明网络能力均正向显著对关系资本作用于供应链融资绩效的路径产生调节效应；通过构建存在交互项的结构方程模型，并经过模型拟合后整体模型的拟合度较高，这说明，网络能力对关系资本与供应链融资绩效间的关系起到正向、显著的促进作用，假设 H13 及各个子维度假设均成立。对比来看，网络能力对信任与供应链融资绩效间的调节作用最强，作用系数为 0.168，而对于沟通与供应链融资绩效间的促进作用最弱，作用系数为 0.127。但总的来说，网络能力能够正向调节关系资本（信任、沟通、承诺）对供应链融资绩效的促进作用。

为了能够更直观地展现出网络能力对关系资本三个维度对供应链融资绩效的调节效应，本书借鉴 Aiken 等[204]推荐的绘图方法，绘制出网络能力对信任与供应链融资绩效、沟通与供应链融资绩效以及承诺与供应链融资绩效关系间的调节效应图，如图 6－6、图 6－7 和图 6－8 所示。

图 6－6 显示，在低网络能力的边界条件下，信任对供应链融资绩效的促进作用较弱，而在高网络能力的边界调节作用下，信任对供应链融资绩效的促进效应更强，基于网络能力调节效应绘制的图例进一步验证了网络能力对信任与供应链融资绩效的正向调节效应。

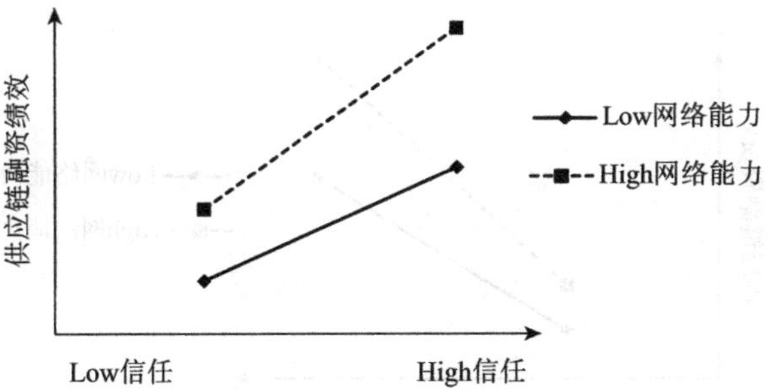

图 6－6 网络能力对信任与供应链融资绩效关系的调节效应图

Fig. 6－6 The Moderating Effect of Network Capability on the Relationship between XR and SCF

同上述研究，本研究还绘制出网络能力对承诺与供应链融资绩效关系的调节作用，如图 6－7 所示。

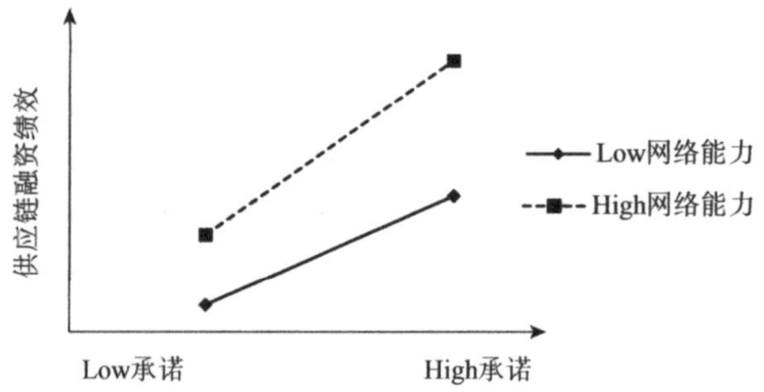

图 6-7　网络能力对承诺与供应链融资绩效关系的调节效应图

Fig. 6-7　The Moderating Effect of Network Capability on the Relationship between CN and SCF

图6-7显示，在低网络能力的边界条件下，核心企业对于中小企业的承诺对其供应链融资绩效的促进作用较弱，而在高网络能力的边界调节下，承诺对供应链融资绩效的促进作用更强，调节效应图6-7进一步验证了，中小企业具备更高的网络能力时，核心企业的承诺将对中小企业供应链融资绩效产生更强促进作用。

依照上述方法，本研究还绘制出网络能力对沟通与供应链融资绩效关系的调节作用，如图6-8所示。

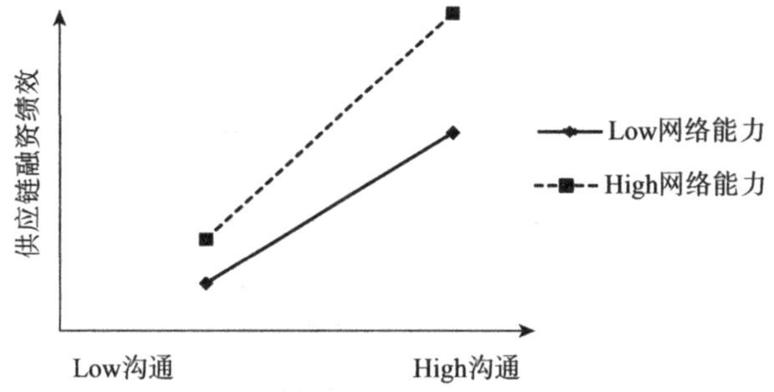

图 6-8　网络能力对沟通与供应链融资绩效关系的调节效应图

Fig. 6-8　The Moderating Effect of Network Capability on the Relationship between CO and SCF

图6-8显示，在低网络能力的边界条件下，沟通对供应链融资绩效的促进作用较弱，而在高网络能力的边界调节下，企业间沟通对供应链融资资

绩效的促进作用更强，调节效应图进一步验证了网络能力对沟通与供应链融资绩效的正向调节效应。

6.4.4 供应链复杂性的二阶、三阶调节效应假设检验

通过前文研究发现，中小企业关系资本积累得越丰富，就越有可能获得核心企业提供的信用担保和其他帮助，获得供应链融资绩效就相对较高。然而应该注意的是，供应链复杂程度越来越高，这也促使核心企业上下游围绕着众多中小企业，中小企业与核心企业关系的复杂性趋于普遍，其积累的关系资本转化为合作效能的水平将会受到复杂性程度的影响，因而需要对供应链复杂性作用于关系资本与供应链融资绩效间的调节效应进行检验。

同时，在上一节的研究内容当中，本书验证了网络能力对于关系资本作用于供应链融资绩效间的正向调节效应。由于供应链复杂性是供应链发展的一个特征要素，复杂性的变化势必会影响网络能力这一调节变量对主效应的作用程度。罗胜强和姜嬿[205]指出，如果一个调节变量的调节效应会受到另一个调节变量的再调节，那么就可以将第三个调节变量称为“三阶调节变量”，这个变量起到的作用可称作“三阶调节效应”。基于本研究设定的研究情境与理论背景，本研究认为供应链复杂性可以作为三阶调节变量作用于网络能力的调节效应当中，为了能够明确供应链复杂性对于供应链融资绩效的作用机理，有必要针对供应链复杂性的二阶、三阶调节效应展开有针对性的情景化实证研究。

具体地，本研究为了能够分析不同复杂性的供应链当中的中小企业，其关系资本对供应链融资绩效的作用是否会因复杂性的不同而受到影响，并进一步分析网络能力的调节效应是否也同样受到供应链复杂性变化的影响。本研究通过构建多群组结构方程模型，按照中小企业所处的供应链复杂程度，将总体样本群划分为高复杂性供应链中小企业群组和低复杂性供应链中小企业群组，然后应用多群组 SEM 分析的方法，通过对多群组结构方程模型的拟合与分析，进一步对供应链复杂性的二阶、三阶调节效应进

行检验。具体研究框架总结如图 6－9 所示。

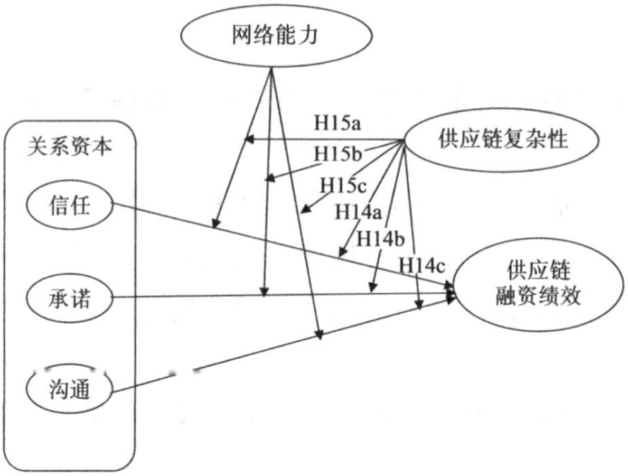

图 6－9　供应链复杂性的二阶、三阶调节效应检验示意图

Fig. 6－9　Second－order and Third－order Regulation Effect Test of Supply Chain Complexity

为了检验供应链复杂性对关系资本与供应链融资绩效间的二阶调节效应，以及其对网络能力调节效应的三阶调节作用。本研究构建了多群组 SEM，对供应链复杂性的高阶调节效应进行检验，具体分析关系资本三个维度分别对供应链融资绩效的直接路径系数，以及网络能力与关系资本各维度交互项作用于供应链融资绩效的路径系数对比值，同时结合模型的拟合度和不同协方差模型的卡方变化情况、显著性等检验结果，综合判断供应链复杂性的二阶、三阶调节效应是否显著。

首先，本研究应用 AMOS 24.0 软件，通过构建多群组结构方程，对模型进行拟合，得出低复杂性的供应链当中中小企业关系资本与供应链融资间的关系模型，并考虑网络能力与关系资本多维度的交互项系数，获取到低复杂性供应链中小企业群组的路径系数拟合图，如图 6－10 所示。

同理，得到高复杂性供应链当中的中小企业群组结构方程模型路径系数拟合图，如图 6－11 所示。

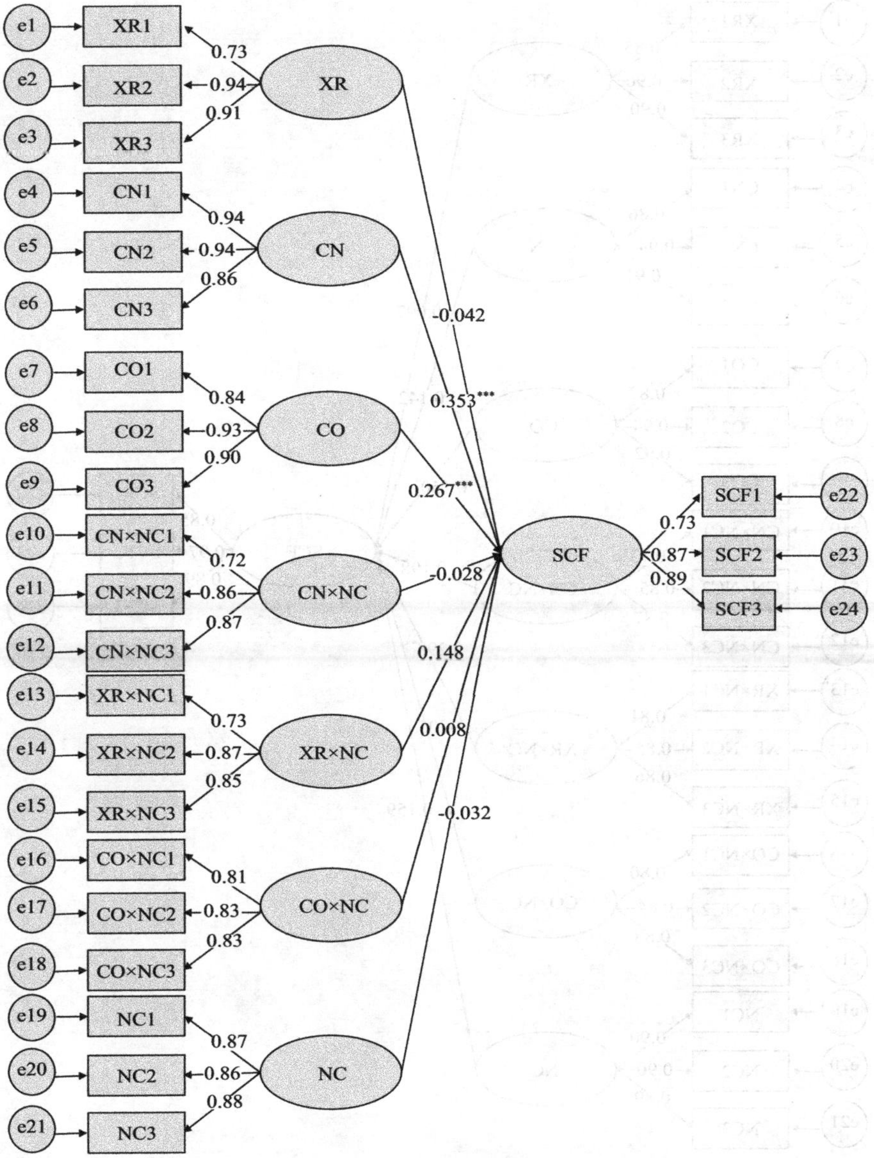

图 6 - 10　低供应链复杂性中小企业群组的结构方程模型拟合图

Fig 6 - 10　Structural Equation Model Fitting Graph of SMEs in Low Supply Chain Complexity Groups

说明：* $p<0.05$，** $p<0.01$，*** $p<0.001$。

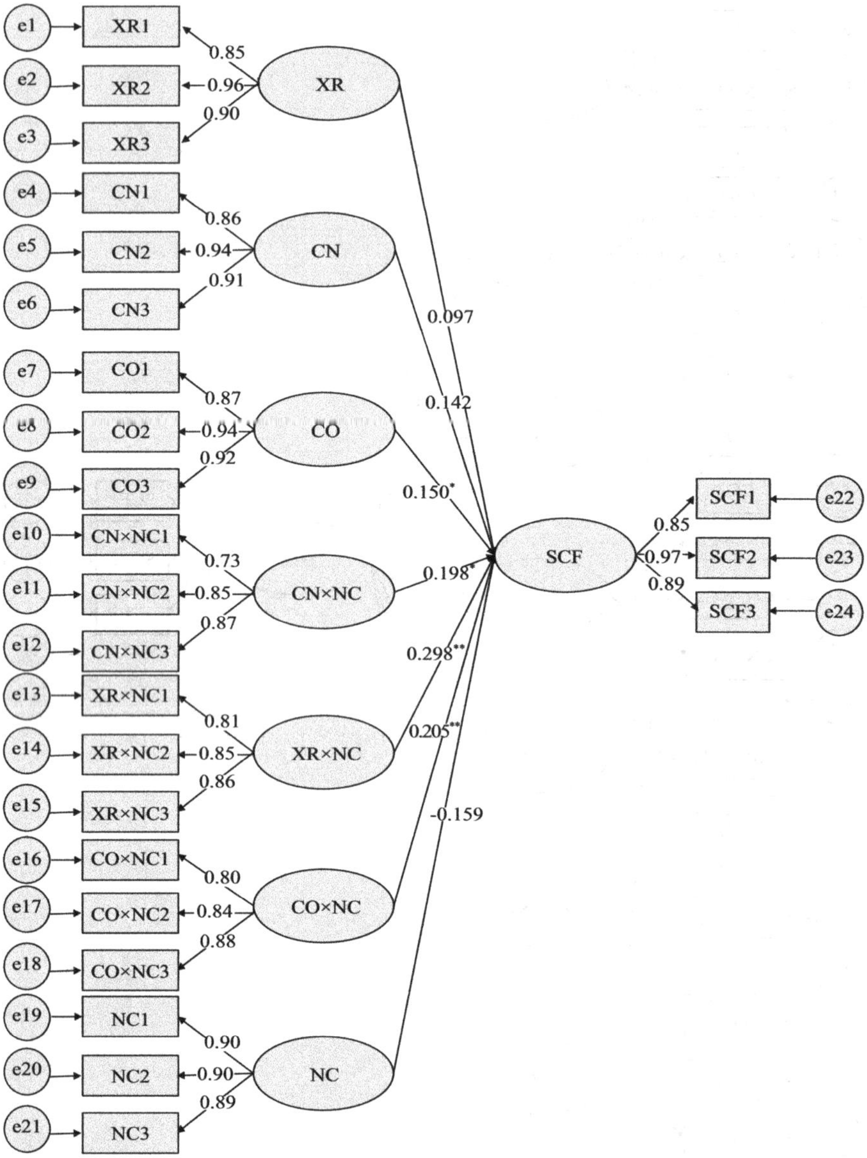

图 6-11 高供应链复杂性中小企业群组的结构方程模型拟合图

Fig 6-11 Structural Equation Model Fitting Graph of SMEs in High Supply Chain Complexity Groups

说明：* $p<0.05$，** $p<0.01$，*** $p<0.001$。

本研究通过设计上述多群组结构方程模型，得到了综合模型的各变量关系间路径系数在不同群组当中的变化情况，总结各路径系数并设计6组协方差模型，分别求得信任×网络能力、沟通×网络能力、承诺×网络能力在不同约束下的卡方变化情况，以及信任、沟通与承诺对供应链融资绩效的作用在不同约束下的卡方变化情况，对比模型的卡方变化情况和显著度，从而明确在不同供应链复杂性的中小企业群组当中，各路径作用系数的变化是否显著，以进一步确认供应链复杂性的二阶、三阶调节效应。具体地，总结上述检验结果汇总如表6-30所示。

表6-30 多群组结构方程模型估计汇总

Table6-30 Summary of Structural Equation Model Estimation for Multiple Groups

模型拟合系数	低复杂性供应链网络统计值	高复杂性供应链网络统计值	路径恒等模型的 $\Delta\chi^2$ 值
XR->SCF	-0.042	0.097	0.845
CN->SCF	0.353***	0.142	0.732
CO->SCF	0.267***	0.150*	9.956**
NC×XR->SCF	0.148	0.298**	16.289***
NC×CN->SCF	-0.028	0.198*	14.100***
NC×CO->SCF	0.008	0.205**	9.956**

说明：* $p<0.05$，** $p<0.01$，*** $p<0.001$。

为检验供应链复杂性在不同变量关系间起到的调节效应，需要对两个结构方程模型的路径系数和显著性进行分析，同时，路径恒等模型的 $\Delta\chi^2$ 值和显著性水平分别列示于表6-30当中，以分析供应链复杂性在不同群组当中产生的调节效应差异性。从表6-30中的实证结果发现，对于处在高复杂性供应链当中的中小企业来说，其与供应链上的核心企业间的沟通维度对供应链融资绩效的作用效果显著小于低复杂性群组，且 $\Delta\chi^2$ 与路径系数差异显著性一致，说明供应链复杂性负向调节沟通维度对供应链融资绩效的促进作用。但是，中小企业与供应链上的核心企业间的信任和承诺维度对供应链融资绩效的作用效果与低复杂性群组当中变量间作用效果的

路径恒等模型 $\Delta\chi^2$ 不显著。综合来说，实证研究结论部分支持假设 H14，其中，H14a、H14b 不成立，但假设 H14c 成立。

其次，对比关系资本各维度与网络能力的三个交互项，从其作用于供应链融资绩效的路径系数与卡方变异值来看，高复杂供应链当中的中小企业网络能力对关系资本各维度变量起到的调节效应均显著高于低复杂性群组，且路径恒等模型的卡方变异值均显著。这说明，一方面，供应链复杂性对于网络能力在关系资本与供应链融资绩效间的三阶调节效应显著；另一方面，供应链复杂性正向调节网络能力在“关系资本—供应链融资绩效”作用路径当中的调节作用，假设 H15 及各子维度分假设均成立。

6.5 研究结果讨论

6.5.1 总体研究结论

基于上述研究，总结得到本研究的所有研究结论，基于实证研究成果，现将研究提出的所有假设检验结果汇总如表 6-31 所示。

表 6-31 研究假设检验结果汇总

Table6-31 Summary of Research Hypotheses

序号	研究假设	检验结果
1	H1：资源互补性对供应链融资绩效存在正向促进作用	支持
2	H2：文化相容性对供应链融资绩效存在正向促进作用	不支持
3	H3：目标协同性对供应链融资绩效存在正向促进作用	支持
4	H4：资源互补性对关系资本存在正向促进作用	支持
5	H4a：资源互补性对信任存在正向促进作用	支持
6	H4b：资源互补性对承诺存在正向促进作用	支持
7	H4c：资源互补性对沟通存在正向促进作用	支持

续表

序号	研究假设	检验结果
8	H5：文化相容性对关系资本存在正向促进作用	支持
9	H5a：文化相容性对信任存在正向促进作用	支持
10	H5b：文化相容性对承诺存在正向促进作用	支持
11	H5c：文化相容性对沟通存在正向促进作用	支持
12	H6：目标协同性对关系资本存在正向促进作用	支持
13	H6a：目标协同性对信任存在正向促进作用	支持
14	H6b：目标协同性对承诺存在正向促进作用	支持
15	H6c：目标协同性对沟通存在正向促进作用	支持
16	H7：信任对供应链融资绩效存在正向促进作用	支持
17	H8：承诺对供应链融资绩效存在正向促进作用	支持
18	H9：沟通对供应链融资绩效存在正向促进作用	支持
19	H10：关系资本在资源互补性与供应链融资绩效间存在中介作用	支持
20	H10a：信任在资源互补性与供应链融资绩效间存在中介效应	支持
21	H10b：承诺在资源互补性与供应链融资绩效间存在中介效应	支持
22	H10c：沟通在资源互补性与供应链融资绩效间存在中介效应	支持
23	H11：关系资本在文化相容性与供应链融资绩效间存在中介作用	支持
24	H11a：信任在文化相容性与供应链融资绩效间存在中介效应	支持
25	H11b：承诺在文化相容性与供应链融资绩效间存在中介效应	支持
26	H11c：沟通在文化相容性与供应链融资绩效间存在中介效应	支持
27	H12：关系资本在目标协同性与供应链融资绩效间存在中介作用	支持
28	H12a：信任在目标协同性与供应链融资绩效间存在中介效应	支持
29	H12b：承诺在目标协同性与供应链融资绩效间存在中介效应	支持
30	H12c：沟通在目标协同性与供应链融资绩效间存在中介效应	支持
31	H13：网络能力正向调节关系资本对供应链融资绩效的作用	支持
32	H13a：网络能力正向调节信任对供应链融资绩效的作用	支持
33	H13b：网络能力正向调节承诺对供应链融资绩效的作用	支持
34	H13b：网络能力正向调节沟通对供应链融资绩效的作用	支持
35	H14：供应链复杂性负向调节关系资本对供应链融资绩效的作用	部分支持
36	H14a：供应链复杂性负向调节信任对供应链融资绩效的作用	不支持
37	H14b：供应链复杂性负向调节承诺对供应链融资绩效的作用	不支持
38	H14c：供应链复杂性负向调节沟通对供应链融资绩效的作用	支持

续表

序号	研究假设	检验结果
39	H15：供应链复杂性正向影响网络能力对关系资本与供应链融资绩效间关系的调节作用	支持
40	H15a：供应链复杂性正向影响网络能力对信任与供应链融资绩效间关系的调节作用	支持
41	H15b：供应链复杂性正向影响网络能力对承诺与供应链融资绩效间关系的调节作用	支持
42	H15c：供应链复杂性正向影响网络能力对沟通与供应链融资绩效间关系的调节作用	支持

综合上述多条路径可以看出，在本研究提出的多条假设当中，假设 H2 未通过检验，H14 当中的 H14a、H14b 未得到验证，其余假设均得到验证。

6.5.2 供应链伙伴特性对供应链融资影响的检验结果讨论

通过构建结构方程模型，本研究验证了供应链当中的中小企业与核心企业间的伙伴特性能够对供应链融资绩效产生一定影响，其中，资源互补性、目标协同性对供应链融资绩效的提升起到了显著正向影响，而文化相容性对供应链融资绩效的直接作用效果不显著。这说明，与核心企业的资源互补性、目标协同性有利于中小企业改善自身获取供应链融资的融资绩效。

首先，企业获取竞争优势的本质在于其具有稀缺且不容易被模仿的资源，而当中小企业与核心企业具备一定的资源互补性时，就满足了其具备发展的战略资源。同时要明确的是，与核心企业具备一定的互补性资源，不仅使核心企业对中小企业产生了一定的资源依赖性，还有利于企业间实现资源整合[206]。此时，核心企业的投入就会高效转化为中小企业的产出，并降低企业间机会主义行为发生的动机。在中小企业由于资金占用处于融资困境时，核心企业由于自身资源的特殊需求而考虑与其合作的中小企业的发展需求，进而为这类企业提供较为便利的融资条款，改善企业的融资绩效。薛萌等[104]的研究指出，合作企业间的资源互补性能够有效提升企业获得供应链融资的频率，而本研究进一步对供应链融资进行了量化研究，以中小企业的供应链融资绩效为结果变量，验证了资源互补性的存在还能够促进供应链融资绩效的改善。

其次，企业间协同目标关系的存在将会强化合作企业的依赖程度，并会使企业为了达成总体目标考虑暂时放弃实现自身短期目标的行为产生。联盟成功的基本要素之一就是合作企业间需要具备相互协同的目标[207]，只有目标协同才能使企业形成互利互助的关系。通过本研究对目标协同性与供应链融资绩效关系间的实证研究发现，目标协同性对供应链融资绩效的提升具有正向的促进作用。这说明，在供应链金融业务的运作过程中，如果中小企业与核心企业的目标协同性较高，其改善自身融资绩效的可能性就会越大。同时，基于结构方程模型拟合的路径系数对比分析，与核心企业间的目标协同性对于供应链融资绩效的改善作用优于资源互补性对于供应链融资绩效的促进效应。这也为中小企业提供了一定的启示：在与核心企业的合作当中，虽然资源互补的存在会为自身提供一定的竞争优势，但供应链金融业务考虑的是整个供应链上企业间合作的流程和贸易背景，因而与核心企业保持一定的目标协同性对于企业改善融资绩效起到更加重要的作用。这一研究结论与其他研究背景出发的相关研究成果有所差异，例如，徐梦丹[43]的研究结果显示，产学研三方合作的资源互补性会更大化地为组织合作绩效产生促进作用。由于供应链金融业务有其自身特殊的运作需求，对于供应链金融业务的运作来说，目标的协同性更有利于融资业务的开展，因而需要中小企业根据企业发展过程中存在的不同需求随时转换自身发展战略，进而明确自身发展目标和方向。

最后，本研究发现，与核心企业间的文化相容性对中小企业的供应链融资绩效促进作用不显著。在调研过程中发现，大量企业，尤其是规模较小的中小企业，其对于企业文化的认知较为模糊。他们虽然了解企业文化的重要性，但对于如何通过与核心企业间的文化进行融合，进而提升合作关系的稳定性方面的问题，企业的回答均模棱两可。同时，企业文化间的交流体现在日常业务运作中的显性作用较少，大量企业文化间的渗透与兼容均需要合作双方有一定的合作基础和关系持久度。虽然李建升[208]的研究发现，企业具备的宗族式文化和灵活市场式文化能够对企业绩效产生显著的促进作用，但文化对于企业获取竞争优势的作用目前看来更多地集中在企业文化与企业自身发展效应当中。同时需要明确的是，供应链节点上的中小企业与核心企业虽有可能保持文化上的融合性，但在供应链融资业务过程中，文化方面的融合起到的显著作用会由于企业间的认知、文化的渗透时间过长等问题受到影响。

6.5.3 关系资本的中介效应检验结果讨论

(1) 供应链伙伴特性对关系资本的影响

通过实证研究发现，供应链伙伴特性的三个子维度均能够对供应链节点企业间的信任、沟通和承诺行为产生显著的促进作用。首先，资源互补性对中小企业关系资本的积累有利于中小企业和供应链上的焦点核心企业间建立信任、实现高效沟通，并获得焦点企业的承诺。对于供应链上的核心企业来说，考察并选择中小型合作伙伴主要从资源、经营目标以及企业实力等方面出发，其会尽可能地选择那些与其在预期发展目标、资源、运作方式和企业文化等方面匹配程度较高的中小企业作为合作伙伴，这些因素会对双方合作的成功以及未来关系发展的稳定性起到重要影响。本研究，一方面验证了叶飞和徐学军[40]提出的研究命题，即，资源互补性对供应链上的合作伙伴间信任、承诺等维度存在正向影响。另一方面，与叶飞和徐学军的研究不同，本研究也有自身的独特性，重点对核心企业与中小企业间的关系进行探讨，并将中小企业的关系资本作为研究点展开相应研究，通过分析资源互补性对于企业关系资本的作用效果，对比资源互补性对信任、沟通与承诺三个维度的作用强度，得出：资源互补性对沟通的促进作用最大（$\beta = 0.389$，$P < 0.001$），其次为承诺（$\beta = 0.159$，$P < 0.001$），最后为信任（$\beta = 0.113$，$P < 0.05$）。这表明在我国供应链企业间合作关系形成、发展的现实过程中，与资源相关的匹配要素——资源互补性对供应链节点中小企业有效沟通的正向促进作用更为显著。这提示中小企业，当核心企业在选择合作伙伴进行交流与沟通时，与核心企业间的资

源互补性对于企业间有效沟通的作用效果更显著，同时，本研究结论也弥补了叶飞和徐学军[40]早期对于资源互补性与供应链伙伴关系间的研究成果，挖掘了对于促进企业间沟通的重要因素。

其次，在承认资源互补性对企业间沟通水平具有较大促进效应的同时，也不能忽视其他伙伴特性对于中小企业关系资本积累的重要作用。通过本研究发现，企业间的目标协同性对于中小企业关系资本积累也存在显著的促进作用。在供应链上的企业合作过程中，提升伙伴间合作绩效一般都开始于双方企业具备一个较为清晰，且互不冲突的目标预期，而大量失败的合作，究其失败的根本原因都在于合作双方之间缺乏可以共享的目标。通过本书的实证研究发现，目标协同性有利于中小企业关系资本的积累，这也进一步验证了 Angeles 和 Nath[184]、Wong 等[185]、高胜[54]等的观点，这说明，中小企业与核心企业间的目标协同性提升，有利于企业间互信关系的建立，并能够基于目标的协同创造“1+1>2”的协同效应。同时，从对比目标协同性作用于关系资本三个维度的效果来看，与核心企业的目标协同性越高，对中小企业获取核心企业的信任越有利，作用效果为 $\beta=0.251$（$p<0.001$）。这一结论与 Norman[209]的研究成果较为吻合，即合作企业双方的目标协同性较强，会使伙伴间产生基于共同目标实现的依赖性，同时还会促使合作伙伴基于目标实现形成更深的信任，反映在供应链当中的核心企业与中小企业的关系当中，则体现为核心企业会产生较为明确的合作意愿以及开放的态度来接纳中小型合作伙伴的融资需求。换言之，目标协同不仅能够统一伙伴之间的合作行为，还能提升中小企业关系资本的积累。

最后，组织间文化相容性越强，也有助于提升企业间的关系资本的积累。组织文化是被组织成员广泛共享与认同的一套价值观、信念。在供应链当中，合作企业间文化相容且匹配水平比较高时，能有效提升企业间对于合作当中冲突的容忍度，从而降低企业间合作伙伴关系发展的阻力。诚然，供应链伙伴间文化的相容性对于企业高质量合作关系是必不可少的，因为文化兼容的水平提升能够有效降低企业间冲突的发生，并提高企业间的信任关系。本书也得到了同样的研究结论。同时，本书还验证了文化相容性的提升能够促进企业间承诺的形成，这也进一步验证了 Lavie[180]的研究成果，说明相容的文化有利于企业将自身的经营行为和供应链联盟目标相结合，基于企业间文化的融合，能够推动供应链伙伴关系的高效维持，提升企业间的关系资本积累。进一步，从对比文化相容性作用于关系资本不同维度的路径系数和显著性来看，企业间的文化相容性能够更高效地推动核心企业的承诺行为产生（$\beta=0.318$，$p<0.001$），相较于资源互补或经营目标协同这些企业合作中的"显性"合作特征，企业文化间的融合更偏向于"软"信息的融会贯通，文化间的交汇更倾向于长期的"隐性"合作特征形成，因而，如果企业间的文化相容性较高，一般需要经过较为长期的合作行为才产生，体现在关系资本积累当中时，文化方面的相容性将会以长期关系承诺的形成体现出来，因为承诺行为的产生要求更高的隐性交流[210]。

综合上述研究结论不难发现，资源互补性、目标协同性和文化相容性这三个不同的供应链伙伴关系特性，对中小企业关系资本积累的三个维度作用效果有所差异。其中，资源互补性能够更大地提升企业间的沟通水平，文化相容性能更强地促使核心企业作出关系承诺行为，而目标协同性则更大程度上推动了核心企业对于中小企业间的信任行为产生。由此可见，供应链上的伙伴特性在不同的角度都能够强化企业关系资本积累的效果，三方面伙伴特征相互补充，共同推动企业互信互利与良性交流，这一研究结论也进一步丰富了供应链伙伴特性与伙伴关系资本积累、合作关系改善等方面的相关研究成果[211]，以期为中小企业积累更多良性关系资本提供全方位的指导。

（2）关系资本对供应链融资绩效的影响

供应链金融业务的运作嵌套在整个供应链的流程当中，业务的开展离不开供应链上核心企业与中小企业建立的合作关系。从本书的实证研究结果总结发现，中小企业积累的关系资本能够改善中小企业的供应链融资绩效，其中，信任对供应链融资绩效的改善作用最大（$\beta=0.185$，$p<0.001$），其次是沟通（$\beta=0.129$，$p<0.05$），承诺行为对于中小企业改善供应链融资绩效的作用效果最弱（$\beta=0.119$，$p<0.05$）。综合来看，虽然

信任、沟通和承诺行为均能够对中小企业改善供应链融资绩效产生积极影响，但是由于核心企业对于中小企业的信任、沟通和承诺本身具有各自的行为特征，因而这三种关系资本的分维度对供应链融资绩效的作用效果亦存在一定差别。首先，在本书的研究当中，信任对于供应链融资绩效的促进效果主要得益于核心企业对中小企业的担保行为产生，在供应链金融业务的背景下，一旦核心企业对中小企业具备一定的信任，核心企业将会考虑到中小企业的发展需求，这在很大程度上提升了企业合作关系的丰腴性，中小企业在申请供应链金融业务过程中将会更容易获得核心企业的支持（付款承诺、回购协议等信用担保），从而，最大限度地改善自身的融资约束问题，获取更多、更灵活的供应链融资贷款。其次，沟通，体现了企业间信息共享的程度，其对于中小企业供应链融资绩效的改善作用得益于企业间信息对接速度和效率提升。当中小企业与核心企业的正式、非正式沟通交流活动频繁开展时，核心企业就能更加全面、完整地掌握中小企业的发展情况，为供应链金融业务的开展提供“信息库”。在中小企业申请供应链金融业务的过程中，“信息库”将更加准确地提供各类企业信息，以弥补资金提供方的信息缺口，使中小企业更易于获得灵活的供应链融资贷款。最后，承诺体现了合作伙伴间的显性或隐性投入，通过本书的研究发现，承诺对于改善中小企业的供应链融资绩效作用效果最弱，这一观点也进一步验证了薛萌等[104]的研究成果。他们认为，核心企业的承诺对推动中小企业应用供应链融资业务解决融资困境的频率效果较弱，同时，基于资源依赖观点，企业间过度的资源投入甚至有可能导致企业间的合作中断[212]，无法终止合作关系的问题，这一现象在我们对多家企业的实地调研反馈中也得到一定响应。这说明，对于供应链上的中小企业来说，虽然关系资本积累对于改善供应链融资绩效具有显著的促进作用，但提升核心企业的信任、增加与核心企业间的信息交流与沟通能够更多地作用于企业应用供应链金融业务解决融资困境的活动当中，这一研究结论也进一步丰富了供应链融资绩效提升的前置影响因素研究框架与相关实证研究成果。

优质的网络关系和网络结构为中小企业资源获取、信息交互提供可能，进而缓解融资需求方与供给方的信息不对称，这也为供应链节点中小企业获得更多融资、降低融资成本并获取适当灵活的融资周期提供了更多可能。总的来说，在供应链当中，若企业与供应链伙伴间能够以高程度的信任为基础，并加强沟通与交流的频率，此时能够进一步促进企业间的了解并有效避免合作过程中可能出现的摩擦和阻碍。通过本研究构建的研究框架，对企业关系资本积累与供应链融资绩效间关系的研究，一方面是对网络成员间的关系嵌入性与融资绩效关系验证的进一步升华，另一方面也明确了企业间何种关系资本积累能够为提升供应链融资绩效起到更重要的作用。

（3）关系资本的中介效应分析

本研究的理论贡献之一，是从供应链伙伴关系形成的本质特征出发，探索其对于供应链节点中小企业融资绩效的作用效果，将关系资本视为中介变量，纳入供应链伙伴特性对供应链融资绩效影响激励的研究框架中，探究供应链伙伴特性的不同维度、关系资本的不同维度分别对供应链融资绩效的影响路径，有助于清楚阐释供应链伙伴选择对供应链金融业务嵌入供应链当中运作的一系列作用机理。按照中介效应的研究范式，本研究构建以关系资本为中介变量的“供应链伙伴特性—关系资本—供应链融资绩效”的研究框架，并通过 AMOS 24.0 构建结构方程模型并进行实证分析，验证了关系资本（信任、沟通和承诺）在供应链伙伴特性与供应链融资绩效间存在显著的中介效应，同时，通过总结各变量间的作用结果，计算得到供应链伙伴特性（资源互补性、文化相容性与目标协同性）对供应链融资绩效的直接作用、间接作用和总作用效果，如表 6－32 所示。

表 6－32 伙伴特性对供应链融资绩效的直接、间接和总作用效果

Table6－32 Direct, Indirect and Total Effects of Partner Characteristics on Supply Chain Financing Performance

路径	直接效应	间接效应	总效应
资源互补性→信任→供应链融资绩效	0.152	0.021	0.173
资源互补性→承诺→供应链融资绩效	0.152	0.019	0.171
资源互补性→沟通→供应链融资绩效	0.152	0.050	0.202
目标协同性→信任→供应链融资绩效	0.182	0.046	0.228

续表

路径	直接效应	间接效应	总效应
目标协同性→承诺→供应链融资绩效	0.182	0.023	0.205
目标协同性→沟通→供应链融资绩效	0.182	0.017	0.199
文化相容性→信任→供应链融资绩效	0	0.028	0.028
文化相容性→承诺→供应链融资绩效	0	0.038	0.038
文化相容性→沟通→供应链融资绩效	0	0.018	0.018

通过分析上表研究结果发现，关系资本在供应链伙伴特性与供应链融资绩效间存在的中介作用有所差异。具体为：

①关系资本在资源互补性与供应链融资绩效间存在部分中介作用。从本书构建的结构方程模型图6-1的拟合结果分析发现，资源互补性既可以直接对供应链融资绩效产生直接的促进作用，同时还能间接通过影响关系资本，进而对供应链融资绩效产生间接作用，因而，关系资本在资源互补性与供应链融资绩效间存在部分中介效应。从不同作用路径效应的分解结果看，资源互补性对供应链融资绩效的总效应为0.173+0.171+0.202=0.546；其中，资源互补性通过沟通传导至供应链融资绩效的总作用效果、间接作用效果最大，总作用效果为0.202，间接作用效果为0.050；而通过承诺传导至供应链融资绩效的总作用效果、间接作用效果最小，由此可知，相较于信任与承诺来说，沟通在资源互补性对供应链融资绩效的影响中具有更强的中介作用；

②关系资本在目标协同性与供应链融资绩效间存在部分中介作用。从本书构建的结构方程模型图6-1的拟合结果分析发现，目标协同性对供应链融资绩效既存在直接效应，还可通过关系资本的中介传递机制产生。因而，关系资本在目标协同性与供应链融资绩效间存在部分中介效应，计算得到，目标协同性对供应链融资绩效的总作用效果为0.228+0.205+0.199=0.632。对比来看，目标协同性通过信任传导至供应链融资的总作用效果最大，为0.228，信任产生的间接作用效果为0.046；通过沟通传导至供应链融资的总作用效果最弱，为0.199，沟通产生的间接作用效果为0.017。可见，信任在目标协同性对供应链融资绩效的影响中所起到的中介

效应比沟通、承诺来说相对更大。

③关系资本在文化相容性与供应链融资绩效间存在完全中介作用。从本书构建的结构方程模型图6-1的拟合结果分析发现，文化相容性对供应链融资绩效的作用完全通过关系资本的中介传递机制产生。从效应分解结果看，文化相容性对供应链融资绩效的总效应为0.028+0.038+0.018=0.084，其中文化相容性通过承诺对供应链融资绩效产生的间接作用效果最大，为0.038，通过信任对供应链融资绩效产生的间接作用效果为0.028，通过沟通对供应链融资绩效产生的间接作用效果最弱，为0.018。可见，承诺在文化相容性对供应链融资绩效的影响中所起到的中介效应比沟通、信任来说相对更大。

6.5.4 网络能力的调节效应检验结果讨论

企业网络理论指出，一个企业对其所拥有的关系资本进行利用的效果与其对所处网络关系资源的规划、配置、控制等能力有关，同时，关系观指出，企业在供应链交易当中积累的关系资本可以被视为一种关系资源，可以将资源转化为合作绩效。因而，反映在供应链融资业务运作过程中的效能将与企业对组织间关系资本的运用、转化能力有关，故而本研究提出了企业网络能力在关系资本与供应链融资绩效的关系中发挥调节作用的假设。通过构建网络能力与中小企业关系资本的交互项，并组成新的结构方程进行拟合，本研究验证了中小企业网络能力对于关系资本与供应链融资绩效关系间的正向调节作用。分析结构方程模型的路径拟合值得到，网络能力对信任与供应链融资绩效间的调节作用最强，作用系数为0.168（$p<0.01$），而对于沟通与供应链融资绩效间的促进作用最弱，作用系数为0.127（$p<0.01$）。

通过总结网络能力对于关系资本三个维度转化为供应链融资绩效的调节效应来看，当中小企业具备较高的网络能力时，信任对供应链融资绩效的促进效果会得到较大幅度的提升，这也为中小企业进一步开展网络能力培育工作提供了一定借鉴。企业网络能力体现了企业在愿景规划指导下对合作伙伴间的二元甚至多元关系进行协调、管理的能力，这就意味着，具有较高网络能力的中小企业往往能够进入一个较高质量的外部关系网络当中，而高质量的网络关系则体现在企业的信任、承诺与高效沟通等方面。具备较高网络能力的中小企业，其在应用供应链融资业务进行融资的过程中，往往能够更好地发挥与核心企业间建立的关系，使其自身积累的关系资本能够更好地与供应链融资业务运作当中的不同需求进行合理匹配，进而提升对企业关系资本的利用效率，实现供应链融资绩效的改善。同时，中小企业对于自身网络能力的培育，还有利于其与供应链核心企业的频繁交流与沟通，促进双方形成更深层次的信任，进而间接促进信息的传递。因而，中小企业网络能力的完善不仅可以作为企业获取竞争优势的来源，而且能力的构建与提升可以使企业与有影响力的外部组织维持现有网络关系并提升其自身在网络当中的位置，网络能力越高，信任、承诺、沟通对于提升供应链融资绩效起到的正向促进作用越强。

6.5.5 供应链复杂性的二阶、三阶调节效应检验结果讨论

通过本书研究发现，供应链复杂性提升时，企业沟通转化为供应链融资绩效的正向调节效应显著变弱，对比不同复杂性供应链当中的中小企业群组拟合结果来看，沟通对于供应链融资绩效的促进作用在高复杂供应链中小企业群组当中较低，而在低复杂供应链中小企业群组当中这些作用路径的路径系数较高，即，供应链复杂性负向调节沟通对供应链融资绩效的改善作用，而对信任、承诺与供应链融资绩效间的负向调节作用效果不显著，假设 H14 被部分验证。这说明，在供应链越来越复杂的当下，仅依靠关系资本的积累并不能使企业获取更多融资，进而缓解融资困境。企业之间的关系紧密程度通常取决于交易进行的频率和深入程度，供应链是供应链金融的业务载体，同时还是融资模式下治理机制实现的前提。供应链密度、供应链复杂性和节点重要性增加了供应链中断的严重性，正如周驷华和万国华[167]的研究，供应链复杂性对供应链成本绩效和服务绩效产生了显著的负面影响，同时供应链复杂性的上升削弱了信息整合对供应链绩效

的贡献。本研究的结论也进一步揭示了与上述学者相似的研究成果，供应链复杂性的上升会削弱既定关系资本对供应链融资绩效的促进作用，因而，对于复杂供应链当中的中小企业来说，为了进一步提升供应链融资绩效，应基于更深层次的关系管控的能力开发，进一步打开获取供应链融资的通道。

其次，从本书研究发现，高复杂性供应链当中的中小企业群组当中的交互项路径系数均显著高于高复杂性供应链当中的中小企业群组，即，供应链复杂性能够正向调节网络能力对于关系资本与供应链融资绩效间的调节效应，供应链复杂性的三阶调节效应显著，假设 H15 被验证。具体地，在本书构建的多群组结构方程模型当中，较高复杂性的供应链上中小企业群组网络能力对于信任转化为供应链融资绩效的三阶调节效应更强，这一方面从侧面印证了 Day 等[213]的研究结论，以信任为基础的强关系连接很容易在交易双方形成关系惯性，在复杂供应链网络当中，与核心企业建立起的强关系并不一定会促使核心企业为中小企业提供担保或融资，只有将关系资本高效转化，通过推动供应链设计优化，与核心企业在供应链设计方面相互配合，并实现高水平的供应链整合，中小企业才能够因为自身的竞争力提升而获得供应链融资；另一方面，这一研究结论说明，当企业间信任度较高时，面对供应链趋于复杂的过程中，企业更需要提升网络能力对于关系资本转化的效能，从而在面对复杂化发展的情境下，使自身获取供应链融资的绩效得到相应改善。

6.6 本章小结

本章基于大样本数据调研结果，对本研究前文中提出的多个理论假设展开实证分析与检验，总结得到相应研究结论。具体而言，首先，本章对研究获取的有效问卷数据进行了描述性统计与相关性分析，以进一步对本研究设计的变量及研究获取的数据有一个全局的基本特征介绍。其次，利用 SPSS 20.0、AMOS 24.0 统计分析软件，对本研究设计的各变量测量数据展开了详细的信度和效度分析。通过检验发现，本研究设计的最终研究问卷的量表题项均通过信度与效度检验，样本数据满足开展结构方程模型分析的基本要求。再次，采用 AMOS 24.0 统计分析软件，通过构建多个结构方程模型和多群组结构方程模型，对前文中提出的理论假设进行结构方程建模分析，并验证本书提出的总体研究假设是否通过检验。最后，基于研究结论，本章总结并讨论了实证检验结果，以期为中小企业提高供应链融资绩效提供一定借鉴。

7 结论与展望

在上一章，通过对研究获取的数据进行定量分析，得到供应链伙伴特性、关系资本对供应链融资绩效影响的关系机理，并将供应链复杂性作为研究情境，对网络能力、供应链复杂性的调节效应进行实证分析，从而得到相应研究成果。接着，本章将对实证研究结论进行简要阐述，同时明确本研究的理论贡献与实践价值，结合研究结论明确相应管理启示，并提炼研究的创新点。最后，针对当前研究中存在的不足和未来需要进一步展开研究的内容，展开相应分析与思考。

7.1 主要研究结论

本研究以供应链网络为研究主体，关注网络当中中小企业与核心企业的关系特性、积累的关系资本是否在供应链融资业务绩效提升当中发挥作用以及发挥何种作用等问题。首先，本书构建了中观主体关系间的资本积累与绩效提升的研究范式，不仅揭示了供应链融资绩效提升的前置影响因素，还将供应链伙伴特性形成的结果及逻辑框架进行了延伸，探索关系资本在其中起到的链接作用，从而拓宽了“伙伴识别—融资绩效提升”的研究体系。其次，本书对供应链伙伴特性进行了解构，从多个维度出发对伙伴间的特性进行挖掘，进而对“供应链伙伴间的特性是什么?”“与供应链融资绩效间的关系是什么?”进行了明确解释。再次，从供应链关系治理视角出发，将关系资本纳入研究框架，通过整合伙伴特性、关系资本与供应链融资等方面的研究成果，在参照资源基础观与社会资本理论的思想基础上，提出并应用实证分析方法对关系资本在供应链伙伴特性与供应链融资绩效间的中介效应进行检验。其中，关系资本中介变量的设计旨在回答“关系资本积累如何提升供应链融资绩效?”“何种关系资本的积累可以使供应链融资的绩效更高?”。最后，应用交叉学科研究的范式，一方面设计网络能力调节变量，旨在解释“在供应链当中，网络能力的提升是否能够催化关系资本的转化效率?”，以回答“具备何种能力的中小企业供应链融资绩效更高?”这一关键问题，同时，研究还结合复杂网络理论，设计供应链复杂性调节变量，讨论供应链复杂性的二阶、三阶调节效应，以进一步解答“供应链越复杂，关系资本对供应链融资绩效的促进作用是否越强?”“网络能力在催化关系资本转化效率的过程中是否会受到供应链复杂性这一供应链基本属性的影响?”等问题。通过一系列的研究设计，并基于实证研究的规范范式，借助 SPSS 20.0 和 AMOS24.0 等统计分析软件，对本书提出的一系列假设进行实证检验，进而得到本书的研究结论。

具体可总结为下述几点。

(1) 供应链伙伴特性、关系资本对供应链融资绩效的影响

供应链伙伴特性包括资源互补性、文化相容性和目标协同性三个方面，本书通过构建结构方程模型，搭建“伙伴识别—关系积累—融资绩效”的理论框架，并检验关系资本的中介效应。通过一系列的实证研究，总结得到以下结论：

①资源互补性、目标协同性对供应链融资绩效存在直接、显著的促进作用，而文化相容性对供应链融资绩效的促进作用不显著，文化相容性主要通过提升企业间信任、承诺与沟通，进而作用于供应链融资业务绩效的提升当中，假设 H1、H3 成立，H2 不成立。对比各变量间影响的标准化路径系数发现，目标协同性对供应链融资绩效的直接作用效果最大（$\beta = 0.182$，$p < 0.01$），这说明，在供应链金融业务的运作过程中，与核心企业的目标保持一定的协同性对于供应链融资绩效的改善作用更强。这一结论，为中小企业有效提升供应链融资绩效起到了重要指导作用，也为中小企业与核心企业构建长期合作关系指明了努力的方向。

②资源互补性对关系资本的三个维度（信任、承诺和沟通）均存在显

著的正向影响，假设H4成立。具体分析分维度检验结果发现，资源互补性对关系资本的沟通维度作用效果最大，作用效果为 $\beta = 0.389$（$p < 0.001$），对信任的作用效果最小；文化相容性对关系资本的三个维度（信任、承诺和沟通）均存在显著的正向影响，假设H5成立，具体分析分维度检验结果发现，文化相容性对关系资本的承诺维度作用效果最大，作用效果为 $\beta = 0.318$（$p < 0.001$），对沟通的作用效果最小；目标协同性对关系资本的三个维度（信任、承诺和沟通）也存在显著的正向影响，假设H6成立，具体分析分维度检验结果发现，目标协同性对关系资本的信任维度作用效果最大，作用效果为 $\beta = 0.251$（$p < 0.001$），对沟通的作用效果最小。

③关系资本的三个维度（信任、沟通、承诺）均能够显著改善中小企业供应链融资绩效。其中，信任对供应链融资绩效的提升与促进作用最大，作用效果为 $\beta = 0.185$（$p < 0.001$）。承诺对供应链融资绩效的提升作用最弱，作用系数为 $\beta = 0.119$（$p < 0.05$）。这一结论说明，与核心企业共建信任机制，提升核心企业的信任，能够更加有效地促进中小企业获得供应链融资，这也进一步印证了胡海青等[109]对供应链合作关系与供应链融资频率间关系的检验结果。

④关系资本三个维度（信任、承诺、沟通）在供应链伙伴特性与供应链融资绩效的关系当中存在显著的中介效应。其中，资源互补性、目标协同性对供应链融资绩效的直接、间接促进效应显著，说明提升与供应链核心企业间的资源互补、目标协同等伙伴特性能够有效改善企业获取供应链融资的绩效，关系资本在资源互补性与供应链融资绩效、目标协同性与供应链融资绩效的关系间起到部分中介效应；而文化相容性对供应链融资绩效的直接作用不显著，但可以通过关系资本积累，进而促进企业供应链融资绩效的提升，这也间接反映了关系资本三个维度在文化相容性与供应链融资绩效提升当中起到了完全的中介作用。

（2）网络能力的调节效应

网络能力能够正向调节关系资本对供应链融资绩效的促进作用，中小企业的网络能力越高，信任、沟通与承诺提升供应链融资绩效的作用效果越好，假设 H13 及各分维度假设均成立。具体地，对比不同交互项在新构造的 SEM 2 当中拟合的路径系数发现，网络能力对信任与供应链融资绩效间的调节作用最强，作用系数为 0.168（$p=0.007<0.01$），而对于沟通与供应链融资绩效间的促进作用最弱，作用系数为 0.127（$p=0.007<0.01$）。这说明，企业网络能力能够推动关系资本的转化效率，中小企业网络能力越强，企业关系资本对供应链融资绩效的促进作用将会越明显。因而，中小企业的网络能力越高，越能够通过与供应链当中的核心企业在合作过程中展开良性沟通，并高效解决合作中出现的冲突，从而获取更优的供应链融资绩效。

（3）供应链复杂性的二阶、三阶调节作用

本书通过构建多群组结构方程模型，将研究样本划分为复杂程度较高的供应链当中中小企业群组和供应链复杂性较低的中小企业群组，通过对比不同样本中拟合路径系数的区别，对供应链复杂性的二阶、三阶调节效应展开相应实证分析。通过分析得到以下几方面的研究结论：首先，供应链复杂性负向调节沟通对供应链融资绩效的促进作用，研究结论部分支持了假设 H14，其中，假设 H14a、H14b 不成立，假设 H14c 均成立。这说明，当供应链复杂性增加时，企业关系资本对于供应链融资绩效的直接促进作用有所削弱，仅依靠与核心企业的强关系，无法使企业在日趋复杂的供应链当中获得更加灵活的融资。其次，当供应链复杂性提升时，中小企业网络能力的调节效应也得到相应提升，即，供应链复杂性对网络能力的三阶调节效应显著成立，假设 H15 及各子假设均成立。具体在分析多群组结构方程模型的拟合结果发现，当供应链复杂性较低时，网络能力的调节效应不完全显著为正，但是，在高复杂性供应链当中的中小企业样本中，网络能力在信任、承诺、沟通与供应链融资绩效关系间的调节作用均显著，且大于低复杂性供应链当中的中小企业群组的拟合结果，同时研究构造的路径恒等模型的 $\Delta\chi^2$ 显著。这说明，处于较高复杂性的供应链中，中小企业仅依靠关系资本较难改善供应链融资绩效，此时，供应链节点中小企业应着重培育对网络关系的利用能力，进而才能够从本质上综合改善自身的供应链融资绩效。

7.2 理论贡献与实践价值

7.2.1 理论贡献

对我国中小企业面临融资困境问题的探讨一直是当前理论界与实务界共同关注的热点问题之一。在经济新常态发展的背景下，企业不良贷款率有所上升，为了防范风险，商业银行相应提高了企业融资的准入门槛，并下调了质押率，我国中小企业融资过程中存在的“麦克米伦缺口”（Macmillan Gap）逐渐扩大。对于中小企业来说，供应链金融业务的出现不仅缓解了其融资难的问题，并逐渐成为大量民营金融机构的蓝海战略竞争利器。同传统银行信贷业务有所区别，供应链金融业务是在以供应链网络当中的核心焦点企业为主导的企业圈中，对网络当中资金流的系统性优化过程，这一授信方式嵌套在供应链网络的运作当中，通过将资金流整合在供应链管理的研究内容当中，既能够提升中小企业对沉淀资金的利用率，还能够减少其融资约束，改善中小企业的营运资金管理效率。总的来讲，供应链金融业务的开展离不开企业间的合作关系建立，同时在复杂供应网络当中，供应链金融业务也会随着供应链的复杂程度而变化，其不仅涉及较长的链条环节，而且各节点参与主体也存在动态变化的特征。基于上述认知，本研究指出，有必要对复杂供应链情境下供应链伙伴特性、关系资本对供应链融资绩效的作用机制进行探讨。具体地，研究通过构造供应链伙伴特性、关系资本对供应链融资绩效作用的中介效应模型，以及网络能力、供应链复杂性的二阶、三阶调节效应模型，分别验证了供应链伙伴特性对供应链融资绩效的直接与间接作用，同时考察了关系资本在其中的中介作用，以及网络能力的二阶调节效应，供应链复杂性的二阶、三阶调节效应。具体来说，本书的理论贡献主要集中于以下几个方面：

首先，本书从理论上搭建并分析了中小企业与核心企业间的伙伴特性、关系资本对供应链融资绩效起到的促进作用，丰富了现阶段社会资本视角下关系维与供应链融资绩效的相关研究成果。研究基于关系观、能力观与伙伴选择的4C原则，通过构建结构方程模型，应用Bootstrap法验证了供应链伙伴特性、关系资本对于供应链融资绩效的作用路径，并结合Sobel检验法对关系资本各维度的中介效应展开分析，由此得到的研究结论不仅揭示了供应链伙伴特性对供应链融资的作用机制，打开了两个变量之间的作用“黑箱”，而且基于供应链管理理论构造的中介模型，更是丰富了现有供应链融资绩效提升前置影响因素研究的研究视角。

其次，本书揭示了中小企业关系资本促进供应链融资绩效的边界条件。以往研究多关注于网络能力开发对企业创新、合作绩效等方面的促进作用，而基于网络能力差异视角下的关系资本转化效率研究较为欠缺。由于企业关系资本是立足于伙伴间关系所形成的一种资源，而若干企业间的双边关系形成与发展使组织交互形成了供应链网络，因而，企业关系资本价值的发挥需要从网络环境的背景出发展开详细探讨。具体地，由于网络能力反映了企业对自身网络位置、网络关系的配置能力，因而本研究提出网络能力对关系资本与供应链融资绩效间的调节作用假设。经实证检验发现，网络能力对于关系资本三个维度当中提出的三个子假设均通过检验，通过挖掘关系资本转化为绩效的边界条件，拓展了当前网络能力与融资绩效关系间的研究，丰富了当前以网络能力为调节变量的相关理论成果。

最后，本书从复杂网络的视角出发，结合425个调研样本，通过构建多群组结构方程模型，验证了供应链复杂性的二阶、三阶调节效应。这一研究结论不仅进一步挖掘出复杂网络视阈下关系资本对供应链融资绩效的作用效果，而且还弥补了当前对供应链复杂性考虑不足的缺陷。本书从供应链复杂性的视角出发，探求网络能力对于中小企业关系资本转化为供应链融资绩效的提升机理，通过跨学科交叉研究，将供应链复杂性作为情境变量的研究更加贴近当前供应链的发展现状，能够为中小企业在面临供应链复杂化发展的背景当中寻求合作机会，提升融资绩效提供一定理论借鉴，从而推动整个供应链中伙伴关系资本的形成与转化，明确网络能力培育与提升对于供应链融资业务运作的重要性。

7.2.2 实践价值

本书通过充分的实证研究，为供应链节点中小企业改善供应链融资绩效提供了能力培育与管理实施的方向，对缓解中小企业“融资难、融资贵”问题具有重要启示。

其一，通过揭示供应链核心企业伙伴选择的关键要素，为中小企业实施供应链合作战略行为提供指导。本书从供应链伙伴识别、选择的角度出发，对企业间的资源互补、文化相容与目标协同三方面伙伴特性改善供应链融资绩效的作用效果展开详细论述，通过理论分析、实证研究，明确了与核心企业建立互补的资源、协同的目标是改善企业供应链融资绩效的有效途径，研究结论对缓解中小企业“融资难、融资贵”窘境，为企业获取灵活的供应链融资提供了一定指导。

其二，为中小企业兼顾文化融合与关系资本积累提供指导。本书指出，关系资本在改善中小企业供应链融资绩效提升的过程中也起到了重要作用，中小企业积累的关系资本不仅可以直接作用于供应链融资绩效，还能够作为中介变量，作用于供应链伙伴特性与供应链融资绩效的作用链条当中，尤其是，关系资本在文化相容性与供应链融资绩效提升关系间的完全中介效应的验证，明确了关系资本能够对企业的文化渗透融合起到一定传导效应，企业间文化的融合能够帮助企业逐渐获得核心企业的信任，形成关系承诺，并推动企业间高效沟通，进而推动企业能够更加灵活地应用供应链融资方案解决资金困难。

其三，基于供应链复杂化的发展趋势展开特定情境的实证研究，明确中小企业网络能力培育对企业应用供应链金融业务缓解融资困境的重要性。本书针对供应链复杂化发展趋势的现实背景，是对“什么样的中小企业更容易获得供应链融资贷款?”“供应链复杂化发展进程是否会对中小企业获得供应链融资的融资绩效有所影响?”等问题的解答。通过本书的研究发现，在复杂性较高的供应链节点中小企业群组当中，关系资本对供应链融资绩效的促进作用减小，而此时网络能力对二者关系的调节效应反馈更高。这说明，供应链复杂性的提升虽然会削弱企业既定关系资本对供应链融资绩效的改善，此时企业应高度关注网络能力的培育，尽可能获取更多关系资本转化边界条件，以进一步提升自身获取供应链融资的融资绩效。因此，对供应链复杂性的识别和定量分析成为揭示中小企业供应链融资绩效提升机理、关系资本优化配置方案的重要依据。

7.3 管理启示

(1) 中小企业提升供应链融资绩效的管理启示

首先，本书通过实证研究发现，供应链节点中小企业与核心企业的资源互补性、目标协同性和文化相容性等特征的匹配度较高时，能够有效改善其获得供应链融资的融资绩效。这表明，供应链金融业务运作当中的焦点核心企业在辅助中小企业进行供应链融资时，如果中小企业与其发展目标协同性较高、具有一定的互补性资源，并且与核心企业文化相容，则其能够获得灵活供应链融资的基础与前提条件；当供应链上的伙伴间匹配度较低时，供应链金融业务的运作绩效将达不到预期的效果。这启示，无论是供应链上的中小企业，还是焦点核心企业，均应该重视合作源头上伙伴特性的匹配性，在合作中，应该树立共同的价值观和管理方式，积极推进合作双方展开持久的合作，关注企业间非正式交流活动的开展，例如不定期组织企业间联谊、交流座谈会等，加强企业间的文化交流，促使企业间员工、领导间的私人关系建立与维系，在多种形式的非正式交流活动中取得企业间文化融入的认同感，进而推动企业间形成长期稳定的合作关系。与此同时，本研究结论还发现文化相容性、目标协同性和资源互补性是供应链伙伴间伙伴关系资本形成与积累的三个重要前置因素，每个维度的伙伴特性对关系资本不同纬度的影响各有差异，这也进一步提示企业在合作关系培育过程中，一方面，要对伙伴特性进行统筹考虑；另一方面，在企业发展过程中有可能会对关系资本有特殊需要，这时企业也可有侧重性地关注某一种或几种伙伴匹配性的专门培养。

其次，本研究考虑关系资本的转化边界条件，验证了网络能力培育对中小企业关系资本转化为供应链融资绩效的正向调节效应；基于供应链复杂性发展的情境研究，进一步明确了供应链复杂性发展趋势对企业网络能力提升提出了更高要求。需要知道，对于中小企业来说，提升企业与核心企业的匹配性是企业的首要任务，但当前供应链复杂性逐步提升，如何在复杂环境中强化自身竞争力，获取灵活融资的基础仍然在于企业自身能力的培育上。企业的资源和能力动态嵌入在企业当中，其拥有的资源和能力体现着一个企业的独特性和不可转移性。为了进一步改善中小企业的供应链融资绩效，提升关系资本转化效率，一方面，中小企业应着重关注对网络关系的利用能力，并提升其自身的网络占位，从而争取到更多核心企业的帮助，进而提升企业的供应链融资绩效。另一方面，企业应加强多维度、多视角的网络能力培育建设工作。比如，基于不同的供应商或者客户需求，制定“因企而异”的差异化伙伴关系管理策略，为客户提供差异化的服务策略，将有限的关系资本精准投放，尤其是对于那些业务单一的中小企业来说，切勿盲目扩张网络规模，避免“广撒网、少收获”的情况发生。只有进一步提升自身对关系资本管控能力，才是企业在关系合作中获得更高绩效的关键所在。

最后，中小企业还应注重提升与核心企业间的信息交互质量，积极搭建并参与到数字化交流信息平台当中。由于不确定性和复杂性是供应链的固有“属性”，在全球市场化竞争的加速、产品生命周期的减少、原材料和劳动力成本不断提升，以及顾客个性化需求不断变化的当下，企业若想与其他企业，尤其是供应链上的核心企业维持稳定的合作关系，必须要关注企业内部、外部的信息流通质量提升的重要性，正如Caniato[214]的研究所述，数字化水平是影响供应链金融业务选择的重要调节变量，供应链金融业务的灵活开展离不开数字化信息平台的支持，具有丰富信息的供应链将获取更高的竞争力和绩效。畅通的信息共享机制不仅是加强供应链上信息快速传递的基础，更是降低多重预测需求信息扭曲概率的关键。因而，企业一方面需建立信息辨识、分类和预警机制；另一方面，在不断发展的过程中，中小企业还可以充分利用互联网发展热潮，积极加入各类企业信息交流的平台当中，为企业创造搭建起信息沟通的环境，以实现企业之间的无障碍沟通完全实现。

(2) 金融机构发展供应链金融业务的管理启示

作为一种嵌入供应链金融业务运作的融资模式，供应链融资业务为金融机构、中小企业和第三方物流企业注入了新鲜“血液”，其顺利发展离不开各方的配合，同时也需要政府及外部环境政策的引导。无论是作为供应链金融业务的主导方，还是仅作为资金提供的第三方，都需要金融机构保持足够的参与度，这就对金融机构本身的业务能力提出更高要求。

供应链金融业务本身就是商业银行等金融机构开发的创新产品，现阶段我国供应链金融业务的运作已初具规模，但对比国外商业银行的业务发展来看，我国金融机构对供应链金融业务的运作模式还略显局促，金融机构还应该尝试运用新思维、新方法或新技术，在金融产品、交易手段、服务模式及金融市场等方面开展一系列更具创造性的活动。例如，积极拓宽金融服务的“宽度”，打造供应链金融业务的战略合作信息平台，进一步扩大供应链金融业务的客户服务范围。在对中小企业调研工作开展的同时，本研究还对重庆银行、浙商银行等金融机构的从业者进行了面对面访谈，通过访谈发现，供应链金融业务的操作流程、业务模式较为复杂是当前阻碍银行业大力发展供应链金融业务的主要原因。在此背景下，为了能够使供应链金融业务普及到更多行业领域中，金融机构可尝试单独组建供应链金融业务服务模块，针对供应链融资业务设计单独的产品、业务审查和贷后管理工作，并制定资金获取的准入机制与退出机制，明确业务参与方信贷奖罚制度，同时积极将银行掌握的多方信息（国内、国外）进行整合，尽可能打开不同产业的数据壁垒，使物流业、供应链上的焦点核心企业和资金需求方，甚至是政府机构和海关单位的数据库，实现多方信息的高度对接与共享，从而有效降低金融机构逐一分析供应链各个节点企业风险特征的难度，并配合研发出更多适应实体经济的供应链融资产品，从而实现审批流程的简化，提高放款效率，以更好地从源头推动供应链融资业务更快速地发展。

7.4 研究局限性与展望

7.4.1 研究局限性

本研究通过构建“供应链伙伴特性—关系资本—供应链融资绩效”的研究框架，一方面廓清了供应链伙伴特性、关系资本对中小企业供应链融资绩效影响的不同作用路径，明确了关系资本在供应链伙伴特性与供应链融资绩效间的中介作用；另一方面，研究应用规范的实证研究方法，充分考虑关系资本转化的边界条件，将供应链复杂化发展作为情境变量，进一步分析网络能力提升对中小企业关系资本转化为融资绩效的作用效果，研究结论为中小企业缓解融资困境提供了多方面的理论参考，具备一定的理论与实践意义。但是，本研究尚存在些许不足，以待后续进一步完善：

（1）研究样本上的局限性

在研究对象方面，本书仅涉及国内少量中小企业的调研数据研究，对供应链网络的研究也仅限于目前获得调研数据的行业企业，致使本研究不能全面囊括更广泛意义下的复杂供应链网络，且本研究采用的数据仅为横截面数据研究，无法反映时间效应带来的动态演化，对揭示关系资本与供应链融资绩效间因果关系的结论略显薄弱，未来可考虑添加相应控制变量，并进一步获取企业多年应用供应链金融业务的相关数据，更深入地挖掘本书当前所涉及的相关研究问题。

（2）研究内容上的局限性

不同行业企业所处的供应链网络形态各异，本书仅从上游复杂性、下游复杂性和生产复杂性三方面的静态因素出发，将供应链复杂性视为单一维度进行测度。然而，当前学术界已产生将上游复杂性、下游复杂性和生产复杂性划分为三个分维度的实证研究成果，未来可考虑借鉴上述研究成果，对企业进行更具体的供应链复杂性问卷调研，形成更加丰富的研究问卷，从而对供应链的上游复杂性、下游复杂性与生产复杂性的三阶调节效应展开更深入的实证研究。

7.4.2 未来研究展望

对供应链融资绩效提升路径的研究尚处于初步发展阶段，尚需从以下几个方面展开更为深层次的探讨与挖掘：

第一，当前，对于供应链融资绩效的衡量方法仅集中于从EVA的角度展开定量研究，或是基于企业调研的实践总结，对供应链融资绩效从融资周期、成本、额度等方面的定量分析。在供应链融资业务飞速发展的过程中，准确衡量供应链融资绩效是未来基于融资绩效展开多项研究的基础，应用调研问卷的形式获取融资绩效的发展现状还需进一步讨论，同时要注意的是，仅通过调研问卷获取研究数据并不适用于全国大范围中小企业研究样本的调研与实证分析。因而，未来可针对供应链融资绩效这一变量，开发出更加易于测量的研究方式，以期围绕供应链融资绩效这一关键变量，得到更具普适性的研究成果。

第二，社会资本是和社会网络紧密联系的资源集合体，其包含关系维、结构维和认知维三个方面，社会资本的不同维度对供应链融资绩效是否呈现出不同的内部作用机理，本书仅针对关系维展开了实证研究，作为企业发展的重要因素，社会资本的积累必然对中小企业供应链融资具有一定影响，因而，未来可针对当前的调研样本展开进一步调研，从更广泛的资本视角出发，探求供应链社会资本对供应链融资绩效的作用机理，并进一步挖掘、分析社会资本与供应链融资绩效间的“作用黑箱”。

第三，面对日益复杂与动态的外部环境，不确定性与复杂性导致企业在获取供应链融资时的效能低下，未来可以考虑从环境不确定性、供应链复杂性等多个维度出发，借鉴温忠麟和叶宝娟关于有调节的中介作用的实证方法，探讨环境不确定性、供应链复杂性对供应链融资绩效提升的影响，并分析具体的影响机理。同时，可借鉴以案例研究的方式，分析不同类型的供应链网络当中各节点中小企业供应链融资绩效的提升机制，以对比发现关系资本转化机制的区别。

附　录

供应链伙伴特性、关系资本对供应链融资绩效的影响调查问卷

尊敬的先生/女士：

您好！

本调研问卷旨在调查供应链核心企业与中小企业的伙伴特性、关系资本对中小企业供应链融资绩效的作用机理，问卷不规定答案的对错，若部分题项不能完全表达您的意见，请选择最接近您意见的答案。烦请您花费几分钟的时间填写本问卷，非常感谢!!

问卷答案仅反映真实情况，无对错之分，请据实勾、填（电子版问卷可采用“黄色”标注方式选择答案）。需要说明的是，本问卷纯属学术研究，您的答案不会以任何形式泄露给第三方，所获得的信息也不会用于任何商业目的，请您放心并尽可能客观、完整的回答，切勿遗漏任何一题。

第一部分：个人/企业基本情况（企业情况请按照上一年度情况填写）

1. 请填写贵企业全称：______________________

2. 请填写您的年龄/学历：__________/__________

3. 您所在的部门及职务：__________/__________

4. 您在贵企业工作的时长：______________________

5. 贵企业年销售额（单位：百万元）：

A. 10 以下　　B. 10—50　　C. 50—100　　D. 100—200

E. 200 以上

6. 贵企业的经营时长为：

A. 1 年以下　B. 1—2 年　C. 3—5 年　D. 5—10 年

E. 10 年以上

7. 请填写贵企业的主营业务为：________________

8. 请填写贵企业的员工人数：________________（人）

9. 请填写企业主要生产产品的名称为：________________

10. 请勾选贵企业所属行业：

A. 机械制造、化工纺织业；B. 医药制造业；C. 计算机、通信和其他电子设备制造业；D. 食品制造及农副产品制造业；E. 环保新材料；F. 建筑及房地产行业；G. 其他

11. 企业的业务类型为：________________；

A. 生产；B. 生产与分销；C. 分销；D. 零售；E. 物流服务；F. 其他

第二部分：供应链伙伴特性、关系资本与供应链融资绩效

请根据企业情况勾选下列问项：

请按照贵企业真实情况，在您认为合适的分值上打√（电子版可用“黄色”标注）

供应链伙伴特性						
题号	题项	非常不同意		中立	非常同意	
1	我们与合作伙伴所共享的资源是双方需要的	1	2	3	4	5
2	我们与合作伙伴可借助双方资源达到互补	1	2	3	4	5
3	我们与合作伙伴在合作中能够各取所需	1	2	3	4	5
4	我们与合作伙伴的企业文化、价值观相似	1	2	3	4	5
5	我们可以接受合作伙伴的经营理念	1	2	3	4	5
6	我们与合作伙伴参与项目的高层主管具有相容的处事理念/方法	1	2	3	4	5
7	我们与合作伙伴基于合作目标达成了共识，并有清晰准确的界定	1	2	3	4	5
8	我们与合作伙伴之间其中一方的目标实现将有利于另一方目标的实现	1	2	3	4	5
9	我们与合作伙伴间对双方目标是相互支持的	1	2	3	4	5

续表

关系资本						
题号	题项	非常不同意		中立	非常同意	
1	合作伙伴相信我们总是会遵守承诺	1	2	3	4	5
2	合作伙伴对我们的监控行为是有效的	1	2	3	4	5
3	合作伙伴相信我们提供的信息	1	2	3	4	5
4	我们与合作伙伴之间建立了良好的信息共享平台	1	2	3	4	5
5	我们与合作伙伴双方经常开展正式及非正式的交流活动	1	2	3	4	5
6	我们与合作伙伴双方均会为对方提供有益于对方的信息	1	2	3	4	5
7	我们与合作伙伴不会轻易中断合作关系	1	2	3	4	5
8	合作伙伴会对我们进行一定的投资	1	2	3	4	5
9	我们与合作伙伴不会以获利为目的损害双方的利益	1	2	3	4	5
供应链融资绩效						
题号	题项	非常不同意		中立	非常同意	
1	在核心企业的帮助下，我们获得供应链融资的额度较高	1	2	3	4	5
2	在核心企业的帮助下，我们获得供应链融资的资金成本较为合理	1	2	3	4	5
3	在核心企业的帮助下，我们获得供应链融资的周期比较灵活	1	2	3	4	5

第三部分：网络能力

请按照贵企业真实情况，在您认为合适的分值上打√（电子版可用“黄色”标注）

题号	题项	非常不同意		中立	非常同意	
1	我们非常了解合作伙伴的产品、服务、优势及劣势	1	2	3	4	5
2	我们与合作伙伴维持良好、稳定关系的能力很强	1	2	3	4	5
3	我们经常分析与合作伙伴合作时存在的问题	1	2	3	4	5

第四部分：供应链复杂性

请按照贵企业真实情况，在您认为合适的分值上打√（电子版可用“黄色”标注）

题号	题项	非常不同意		中立	非常同意	
1	本企业的顾客需求多元化，异质性高	1	2	3	4	5
2	本企业的主要产品生产、加工工艺及工序复杂	1	2	3	4	5
3	本企业涉及的原材料多，供应商数量大	1	2	3	4	5
4	本企业支柱产品生命周期较短	1	2	3	4	5

最后，烦请您再次检查一下是否有遗漏问题，如有疑问可致电联系人咨询。再次感谢您对本次研究调研工作的支持。

参考文献

［1］陈成天．支持中小企业融资的财政研究［D］．北京：财政部财政科学研究所，2015.

［2］Wuttke D. A., Blome C., Foerst L. K. et al. Managing the Innovation Adoption of Supply Chian Finance – Emprical Evidence Supply Chain Finance – Empirical Evidence from Six European Case Studies［J］. Joural of Business Logistics，2013，34（2）：148－166.

［3］宋华．供应链金融［M］．北京：中国人民大学出版社，2015.

［4］周建，任露璐，赵炎．供应链金融对我国中小商业银行的影响［J］．西南金融，2015（7）：38－41.

［5］Hofmann E. Supply Chain Finance：Some Conceptual Insights［M］. Wiesbanden：Logistics Management，2005.

［6］张蔚虹，武倩男，史会斌．基于二元关系和网络整体性的制造业服务化协作网络伙伴选择研究［J］．科学与管理，2017，37（2）：33－41.

［7］Dwyer F. R., Schurr P. H., Oh S. et al. Developing Buyer – Seller Relationships［J］. Journal of Marketing，1987，51（2）：41－64.

［8］Dyer J., Singh H. The Relational View：Cooperative Strategy and Sources of Interorganizational Competitive Advantage［J］. Academy of Management Review，1998，23（4）：660－679.

［9］刘佳音．供应链合作关系对合作绩效的影响研究——基于不确定性视角的分析［D］．内蒙古：内蒙古财经大学，2015.

［10］赵冬梅．企业关系资本、信息协同与技术创新绩效关系的实证研究［D］．湖南：南华大学，2013.

[11] 包凤耐. 企业关系资本、网络能力对知识转移和创新绩效的影响研究 [D]. 天津：天津财经大学，2014.

[12] 胡查平. 制造企业知识密集服务网络嵌入与企业绩效的关系——企业吸收能力的调节作用 [J]. 企业经济，2019 (9)：5 - 13 + 2.

[13] 陈志新. 产业组织演进与供应链网络治理——一个理论综述 [J]. 经济学家，2010 (6)：38 - 43.

[14] 薛建新. 企业关系资本对技术创新绩效的影响研究 [D]. 西安：西安理工大学硕士学位论文.

[15] 义凤，成龙，冯华. 供应链社会资本对供应链整合影响的实证研究 [J]. 科技进步与对策，2015，32 (22)：29 - 33.

[16] 赵金梅. 供应链融资与经营性营运资金管理效率的实证研究 [D]. 青岛：中国海洋大学硕士学位论文，2015.

[17] 杨毅，朱秋华，杨婷. 内部控制、供应链金融与中小企业融资约束——基于创业板上市公司的经验证据 [J]. 武汉金融，2019，(9)：66 - 73.

[18] 胡题. 融资价值链上中小企业生态健康研究——基于核心企业视角的分析 [J]. 湖南大学学报（社会科学版），2019 (4)：60 - 65.

[19] 毋江波，李常洪. 供应链环境下的企业竞争情报增值运作模式研究 [J]. 情报科学，2019，37 (10)：146 - 157.

[20] 宋娟娟，刘伟，高志军. 网络资源视角下物流服务供应链网络类型测度 [J]. 企业经济，2017 (6)：83 - 89.

[21] 李健，张金林. 供应链金融的信用风险识别及预警模型研究 [J]. 经济管理，2019 (8)：178 - 196.

[22] Penrose E. T. The Theory of the Growth of the Firm [M]. Oxford: Oxford University Press, 1959.

[23] Wernerfelt B. A Resource - based View of the Firm [J]. Strategic Management Journal, 1984, 5 (2): 171 - 180.

[24] 王建玲，李玥婷，吴璇. 企业社会责任与风险承担：基于资源依赖理论视角 [J]. 预测，2019 (3)：54 - 51.

[25] 邱国栋，甘立双．资源依赖理论视角的隔离机制与协同效应——以三组合作研发为例 [J]. 中国软科学，2017 (12)：39-48.

[26] 朱益霞．企业社会资本对营销绩效的影响研究——基于资源依赖与机会开发双重视角 [M]. 广州：华南理工大学，2018.

[27] Wigfield A., Eccles J. S. Expectancy - Value Theory of Achievement Motivation [J]. Contemporary Educational Psychology, 2000, 25 (1): 68 - 81.

[28] Stuart A., Karabenick T. C. Urdan Expectancy - Value Theory: Retrospective and Prospective [J]. Advances in Motivation and Achievement, 2010, Part A: 35 - 70.

[29] 罗国珍．期望价值理论视域下大学新生英语学习投入研究——以淮北师范大学大一学生为例 [J]. 湖北开放职业学院学报，2019 (11)：160 - 162.

[30] 林春婷，蒋柯．风险决策中框架效应研究的最新趋势 [J]. 心理研究，2019 (4)：334 - 339.

[31] 刘自昂．供应链伙伴特性与协同创新关系研究：关系质量和成本利益分配机制的影响 [D] 杭州：浙江工业大学，2019.

[32] Swoboda B., Meierer M., Foscht T., et al. International SME Alliances: The Impact of Alliance Building and Configurational Fit on Success [J]. Long Range Planning, 2011, 44 (4): 271 - 288.

[33] Mitsuhashi H., Greve H. R. A Matching Theory of Alliance Formation and Organizational Success: Complementarity and Compatibility [J]. Academy of Management Journal, 2009, 52 (5): 975 - 995.

[34] Brouthers K. D., Brouthers L. E., Wilkinson T. J. Strategic Alliances: Choose Your Partners [J]. Long Range Planning, 1995, 28 (3): 18 - 25.

[35] 钟映紫．供应链信息共享影响因素、信息共享程度与企业运营绩效关系研究 [J]. 中国管理现代化，2018，21 (19)：53 - 54.

[36] Sarkar M. B., Echambadi R. S., Cavusgil T., et al. The Influence

of Complementarity, Compatibility, and Relationship Capital on Alliance Performance [J]. Journal of the Academy of Marketing Science, 2001, 29 (4): 358 - 373.

[37] Iyer E. Theory of Alliances: Partnership and Partner Characteristics [J]. Journal of Nonprofit Public Sector Marketing, 2003, 11 (1): 41 - 57.

[38] Frank T., Rothaermel F. T., David L. D. Exploration and Exploitation Alliances in Biotechnology: A System of New Product Development [J]. Strategic Management Journal, 2004, 25 (3): 201 - 221.

[39] Shyh R. F., Wu J. J., Fang S. C. Generating Effective Interorganizational Change: A Relational Approach [J]. Industrial Marketing Management, 2008, 37 (8): 977 - 991.

[40] 叶飞，徐学军．供应链伙伴特性、伙伴关系与信息共享的关系研究 [J]. 管理科学学报, 2009, 4 (12): 115 - 128.

[41] 赵岑，姜彦福．中国企业战略联盟伙伴特征匹配标准实证研究 [J]. 科学学研究, 2010, 28 (4): 558 - 565.

[42] 王萧萧，蒋兴华，朱桂龙，等．伙伴特性、伙伴关系与协同创新绩效——基于“2011 协同创新中心”的实证研究 [J]. 中国科技论坛, 2018 (4): 15 - 24.

[43] 徐梦丹．产学研伙伴匹配性、知识共享与合作绩效的关系研究 [D]. 广州：华南理工大学, 2018.

[44] 陈伟，张旭梅．供应链伙伴特性对跨企业知识交易影响路径的实证研究——基于关系质量的中介效应 [J]. 商业经济与管理, 2013, 1 (1): 32 - 42.

[45] 杨建华，高卉杰，郭龙．横向物流联盟伙伴相似性、关系承诺与联盟绩效的关系研究 [J]. 软科学, 2016, 30 (4): 60 - 64.

[46] Harrison J. S., Hitt M. A., Hoskisson R. E., et al. Resource Complementarity In Business Combinations: Extending the Logic to Organizational Alliances [J]. Journal of Management, 2001, 27 (6): 679 - 690.

[47] 张冕，周莉，王姝懿．文化差异对跨国公司员工评价效果的影

响——基于湖北省的调查研究［J］. 湖北经济学院学报，2018（5）：104－112.

［48］武志伟，茅宁，陈莹．企业间合作绩效影响机制的实证研究——基于148家国内企业的分析［J］. 管理世界，2005（9）：99－106.

［49］孙贺强．基于供应链伙伴特性、质量管理实践的探索性学习与挖掘性学习的触发机制——扩展探索性学习和挖掘性学习实现路径的视角［J］管理现代化，2014（6）：45－48.

［50］张化尧，吴梦园，陈晓玲．资源互补与国际化中的合法性获取——基于跨国战略联盟的混合研究［J］. 科学学研究，2018，36（3）：513－520.

［51］方琦．目标导向对员工创业学习的影响研究：基于工作态度的中介作用［D］. 吉林：吉林大学，2016.

［52］王丽娟，单丽娟，杨皎平．文化嵌入和二元学习对集群创新绩效的影响［J］. 沈阳师范大学学报（自然科学版），2018，36（3）：258－264.

［53］Bell J.，Den O. B.，Ziggers G. W. Dynamics of Cooperation：At the Brink of Irrelevance［J］. Journal of Management Studies，2006，43（7）：1607－1619.

［54］高胜．伙伴特性对物流企业跨组织信息系统采纳意向影响研究［J］. 杭州：浙江工商大学，2014.

［55］Yamin M.，Golesorkhi S. Cultural Distance and the Pattern of Equity Ownership Structure in International Joint Ventures［J］. International Business Review，2010，19（5）：457－467.

［56］Xavier P. M.，Edson L. R. Country Risk，National Cultural Differences between Partners and Survival of International Joint Ventures in Brazil［J］. International Business Review，2007，17（3）：250－266.

［57］Lavie D. L.，Rosenkop F. Balancing Exploration and Exploitation in Alliance Formation［J］. Academy of Management Journal，2006，49（4）：797－818.

［58］Kanchan D. Integrating Effective Flexibility Measures into a Strategic

Supply Chain Planning Model [J]. European Journal of Operational Research, 2011, 211 (1): 170 - 183.

[59] Nahapiet J., Ghoshal S. Social Capital, Intellectual Capital and the Creation of Value in Firms [J]. Academy of Management Best Paper Proceedings, 1997, 23 (2): 35 - 39.

[60] Coleman J. S. Social Capital in the Creation of Human Capital [J]. American Journal of Sociology, 1988, 94 (S): 95 - 120.

[61] Granovetter M. The Strength of Weak Ties [J]. American Journal of Sociology, 1972, 78 (6): 1360 - 1380.

[62] Cullen J. B., Johnson J. L., Sakano T. Success through Commitment and Trust: The Soft Side of Strategical Alliance Management [J]. Journal of World Business, 2000, 35 (3): 233 - 240.

[63] Kale P., Singh H., Perlmutter H. Learning and Protection of Proprietary Assets in Strategic Alliances: Building Relational Capital [J]. Strategic Management Journal, 2000, 21 (3): 217 - 237.

[64] 陈菲琼. 关系资本在企业知识联盟中的作用 [J]. 科研管理, 2003, 5 (4): 37 - 43.

[65] Krause D. R., Handfield R. B., Tyler B. B. The Relationships between Supplier Development, Commitment, Social Capital Accumulation and Performance Improvement [J]. Journal of Operations Management, 2007, 25 (2): 528 - 545.

[66] 杨震宁，李东红，马振中. 关系资本，锁定效应与中国制造业企业创新 [J]. 科研管理，2013，34 (11): 43 - 52.

[67] 郁玉兵. 关系资本对供应链质量整合与绿色管理的影响研究 [D]. 杭州：浙江大学，2015.

[68] 赖珍珠. 网络镶嵌、关系资本、价值共创与企业合作绩效之关联性研究——基于广告产业价值链的实证分析 [D]. 苏州：苏州大学，2016.

[69] 顿妍妍. 供应链关系资本对创新绩效的影响研究——供应链整

合的中介作用［D］太原：太原理工大学，2018.

［70］郁玉兵．社会资本对供应链质量整合与企业绩效的影响［J］．物流科技，2019（4）：115－125.

［71］杨孝海．企业关系资本与价值创造关系研究［D］．成都：西南财经大学，2008.

［72］彭星闾，龙怒．关系资本——构建企业新的竞争优势［J］．财贸研究，2004（5）：49－54.

［73］Johnston D. A.，Mccutcheon D. M.，Stuart F. I.，et al. Effects of Supplier Trust on Performance of Cooperative Supplier Relationships［J］．Journal of Operations Management，2004，22（1）：23－38

［74］曾文杰，马士华．信任和权力对供应链协同影响的实证研究［J］．武汉理工大学学报：信息与管理工程版，2011，33（2）：314－319.

［75］Koufteros X.，Vickey S. K.，Droge C. The Effect of Strtegic Supplier Selection on Buyer Competitive Performance in Matched Domain：Does Supplier Integration Mediate the Relaionships?［J］．Journal of Supply Chain Management，2012，48（2）：93－115.

［76］Anderson E.，Jap S. D. The Dark Side of Close Relationships［J］．MIT Sloan Management，2005，46（3）：75－82.

［77］Chang K.，Gotcher D. F. Safeguarding Investments and Creation of Transaction Value in Asymmetric International Subcontracting Relationships：The Role of Relationship Learning and Relational Capital［J］．Journal of World Business，2007，42（4）：477－488.

［78］冯华，梁亮亮．企业关系资本与供应链能力的相互作用研究——基于信息共享能力与供应链柔性的视角［J］．中国地质大学学报（社会科学版），2016，16（2）：122－133.

［79］薛卫，雷家骑，易难．关系资本、组织学习与研发联盟绩效关系的实证研究［J］．中国工业经济，2010（4）：89－99.

［80］郝萍．关系资本、知识共享对知识联盟中合作成效的实证研究［D］．太原：山西财经大学，2017.

[81] Wholey J. S. , Hatry H. P. The Case for Performance Monitoring [J]. Public Administration Review , 1992, 52 (6): 604.

[82] Bemardin J. C. The Fact of Poverty Today: A Challenge for the Catholic Church [J]. Journal of Religion & Spirituality in Social Work, 1985, 11 (4): 3 - 10.

[83] 杨毅，侯雁. 基于四维度综合评价体系的中小企业融资绩效研究——融资难度、资金成本、时间效率和民间融资 [J]. 金融理论与实践，2015 (2): 18 - 24.

[84] Tagoe N. , Nyarko E. , Anuwa - Amarh E. Financial Challenges Facing Urban SMEs under Financial Sector Liberalization in Ghana [J]. Journal of Small Business Management, 2005, 43 (3): 331 - 343.

[85] Lambert, D. M. Burduroglu R. Measuring and selling the value of logistics [J]. The International Journal of Logistics Management, 2000.

[86] Moritz L. G. Supply Chain Finance: Applying Finance Theory to Supply Chain Management to Enhance Finance in Supply Chains [J]. International Journal of Logistics: Research and Applications, 2010.

[87] 宋华，王岚，史晓盟. 基于 EVA 的供应链融资模型与绩效衡量 [J]. 当代经济管理，2014, 36 (5): 20 - 26.

[88] 尤天慧，刘春怡，曹兵兵，等. 制造商主导且回收商资金约束的闭环供应链融资模式选择策略 [J]. 管理学报，2020, 17 (1): 139 - 147.

[89] 陈欢云. 中小企业供应链融资模式及风险防控研究 [D]. 浙江大学硕士学位论文，2019.

[90] 纪玲珑. 物联网金融模式下科技型中小企业供应链融资风险识别与控制研究 [J]. 中国管理信息化，2020, 23 (4): 125 - 127.

[91] Barsky N. P. , Catanach A. H. Evaluating Business Risksin the Commercial Lending Decision [J]. Commercial Lndineg Review, 2005, 20 (3): 3 - 10.

[92] Wang S. G. , Xu L. The Supply Chain Financing Model and Its Risk

Analysis [C]. Eighth Wuhan International Conference on E - business, 2009: 2721 -2725.

[93] 周睿颖. 互联网供应链金融的风险管理模式与创新研究——以京东金融为例 [D]. 浙江大学硕士学位论文, 2019.

[94] 徐鲲, 丁慧平, 鲍新中. 电商双边市场供应链融资的合作机制构建与溢出价值分配 [J]. 系统管理学报, 2017, 26 (5): 897 -905.

[95] Zulqurnain A. 供应链金融对中小企业绩效影响的实证研究 [D]. 中国科学技术大学博士学位论文, 2018.

[96] 刘兢轶, 杨梅, 郭净. 供应链金融能缓解科技型中小企业融资约束吗?——基于中小板上市公司的经验数据 [J]. 会计之友, 2019 (10): 116 -121.

[97] 诸葛秀子. 供应链金融与中小企业融资约束——基于产融结合和产权性质的调节作用分析 [D]. 山东大学硕士学位论文, 2019.

[98] 黄朝晖, 黄家庆, 李书敏. 互联网供应链金融对我国商贸流通业支持的实证分析 [J]. 商业经济研究, 2020 (4): 162 -165.

[99] 胡海青, 薛萌, 张琅, 张丹. 复杂供应链网络视域下关系资本对供应链融资作用机制研究——有调节的多重中介效应模型构建与检验 [J]. 管理评论, 2020, 32 (1): 262 -274.

[100] 徐昕. 核心企业主导的供应链融资案例探析——以苏宁集团为例 [D]. 江西财经大学, 2018

[101] Gonzalo G., Badell M., Puigjaner L. A Holistic Framework for Short - term Supply Chain Management Integrating Production and Corporate Financial Planning [J]. International Journal of Production Economics, 2007, 106 (1): 288 -306.

[102] 刘国平. 高科技企业供应链融资模式创新及风险控制研究 [D]. 天津: 南开大学博士学位论文. 2013.

[103] 黄秋萍, 赵先德, 杨君豪, 梁超杰. 供应商关系管理中的金融关系行为研究 [J]. 南开管理评论, 2014, 17 (4): 66 -77.

[104] 薛萌, 胡海青, 张琅, 张丹. 网络能力差异视角下供应链伙伴

特性对供应链融资的影响——关系资本的中介作用［J］管理评论，2018（6）：236－250.

［105］徐艺唯．客户集中度与企业供应链融资行为——来自应收账款质押融资的经验证据［D］．太原：山东财经大学硕士学位论文，2018.

［106］Uzzi B. Embeddedness in the Making of Financial Capital：How Social Relations and Networks Benefit Firms Seeking Financing［J］. American Sociological Review，1999，64（4）：481－505.

［107］黎来芳，黄磊，李焰．企业集团化运作与融资约束——基于静态和动态视角的分析［J］．中国软科学，2009（4）：98－106.

［108］张蔚虹，王鑫，宋盼．基于核心企业视角的商业银行供应链融资服务模式研究［J］．西安电子科技大学学报（社会科学版），2018，28（2）：27－34.

［109］胡海青，薛萌，乌连东，等．供应链融资前置因素及其对营运资本的影响［J］．华东经济管理，2016，30（2）：100－106.

［110］刘怡晨．中小企业合作能力对供应链融资绩效的影响研究——基于供应链整合的中介作用［D］．西安理工大学硕士学位论文，2019.

［111］Teece D. J. Explicating Dynamic Capabilities：The Nature and Micro－foundations of（Sustainable）Enterprise Performance［J］. Strategic Management Journal，2007，28（13）：1319－1350.

［112］孙慧，张双兰．国际化背景下动态能力与企业创新绩效的关系研究——来自中国高技术企业的经验证据［J］．工业技术经济，2018（11）：35－43.

［113］李逸超，戴桂林．基于网络能力的企业绩效提升评价研究［J］．统计与决策，2018（10）：186－188.

［114］简兆权，陈键宏，郑雪云．网络能力、关系学习对服务创新绩效的影响研究［J］．管理工程学报，2014，28（3）：91－99.

［115］钟丛生．企业网络能力、组织吸收能力与企业绩效关系研究——基于滨海新区创意企业的实证研究［J］．天津商业大学学报，2018，38（1）：45－59.

[116] 张超群，王府．组织学习视角下企业网络能力影响企业绩效的路径探索 [J]. 商业经济 2018 (8)：18 -20.

[117] Gemünden H. G., Ritter T., Heydebreck P. Network Configuration and Innovation Success: An Empirical Analysis in German High - Tech Industries [J]. International Journal of Research in Marketing, 1996, 13 (5): 449.

[118] 邢小强，仝允桓．网络能力：概念、结构与影响因素分析 [J]. 科学学研究，2006 (12)：558 -563.

[119] 马鸿佳．董保宝．葛宝山．资源整合过程、能力与企业绩效关系研究 [J]. 吉林大学社会科学学报，2011，51 (4)：71 -78.

[120] 屠兴勇，王泽英，张琪，等．基于动态环境的网络能力与渐进式创新绩效：知识资源获取的中介作用 [J]. 管理工程学报，2019，33 (2)：42 -49.

[121] 周立新．家族企业网络能力对合作绩效的影响——考虑知识获取和家族涉入的作用机制 [J]. 技术经济，2016，35 (5)：76 -82.

[122] 沙振权，周飞．企业网络能力对集群间企业合作绩效的影响研究 [J]. 管理评论，2013，25 (6)：95 -105.

[123] 任胜钢．企业网络能力结构的测评及其对企业创新绩效的影响机制研究 [J]. 南开管理评论，2010，13 (1)：69 -80.

[124] 刘文昌，姜骞．创新网络和资源配置对科技型中小企业两栖创新的影响机理——网络能力的调节作用 [J]. 技术经济，2018，37 (4)：85 -90.

[125] 金永生，季桓永．企业网络能力与网络外溢的调节作用 [J]. 北京邮电大学学报（社会科学版）[J]. 2015，17 (6)：64 -69.

[126] 林瀚．供应链网络形态、网络能力与企业服务创新绩效的影响研究 [D]. 广州：华南理工大学，2018.

[127] Ritter T. I., Wilkinson F. W., Johnston J. Managing in Complex Business Networks [J]. Industrial Marketing Management, 2004, 33 (3): 175 -183.

[128] 王建华．供应链核心企业演化及导向目标匹配研究——基于集成场视角［D］．西安：长安大学，2013.

[129] Jesper J. R., Matthew E. B. Partner Selection and Social Capital in the Status Attainment Process [J]. Social Science Research, 2018 (7): 63 – 79.

[130] 李迁，马骢，赵楠．供应链中社会资本、不确定性与机会主义行为关系的实证研究［J］．系统管理学报，2019，28（5）：793－801.

[131] Parast M. M., Digman L. A. Learning: The Interface of Quality Management and Strategic Alliances [J]. International Journal of Production Economics, 2008, 114 (2): 820 – 829.

[132] Caridi M., Crippa L., Perego A., et al. Do Virtuality and Complexity Affect Supply Chain Visibility? [J]. International Journal of Production Economics, 2010, 127 (2): 372 – 383.

[133] Oliver C. Sustainable Competitive Advantage: Combining Institutional and Resource – based Views [J]. Strategic Management Journal, 1997, 18 (9): 697 – 713.

[134] 裴旭东．供应商特性对企业间合作关系的影响研究［J］．西安石油大学学报（社会科学版），2016，24（5）：44－48.

[135] Vivek S. D., Glenn R. R. Understanding Performance of Joint Ventures [J]. The International Journal of Logistics Management, 2013, 24 (3): 356 – 379.

[136] Allen F., Qian J., Qian M. J. Law, Finance, and Economic Growth in China [J]. Journal of Financial Economics, 2005, 77 (1): 57 – 116.

[137] Roh J. J., Hong P., Park Y. Organizational Culture and Supply Chain Strategy: A Framework for Effective Information Flows [J]. Journal of Enterprise Information Management, 1998, 21 (4): 361 – 376.

[138] Dirk H., Armbruster D., Mikhailov A. S., et al. Information and Material Flows in Complex Networks [J]. Physica A Statistical Mechanics and

Its Applications, 2006, 363 (1): xi - xvi.

[139] Barney J. B. Firm Resources and Sustained Competitive Advantage [J]. Journal Management, 1991, 17 (1): 99 - 120.

[140] 江成城．供应链伙伴关系提升供应链绩效的研究——伙伴关系特性为调节变量 [J]. 科技管理研究, 2012 (16): 236 - 241.

[141] 尼尔·瑞克曼 (Neil Rackham)．合作竞争大未来 [M]. 苏怡仲译．北京: 经济管理出版社, 1998.

[142] Kale P., Singh H., Perlmutter H. Learning and Protection of Proprietary Assets in Strategic Alliances: Building Relational Capital [J]. Strategic Management Journal, 2000, 21 (3): 217 - 237.

[143] Vernica V. H., Revilla E., Choi T. Y. The Dark Side of Buyer - Supplier Relationships: A Social Capital Perspective [J]. Journal of Operations Management, 2011, 29 (6): 561 - 576.

[144] 陆杉．供应链关系资本及其对供应链协同影响的实证研究 [J]. 软科学, 2012, 26 (9): 39 - 43.

[145] Deutseh M. Trust and Suspicion [J]. Journal of Conflict Resolution, 1958 (2): 265 - 279.

[146] 刁琳娜．产学研合作契约类型、信任与知识转移关系研究 [D]. 广州: 华南理工大学博士学位论文, 2013.

[147] Morgan M., Hunt S. D. The Commitment - trust Theoty of Relationship Marketing [J]. Journalof Markeing, 1994, 58 (3): 20 - 38.

[148] Mohr J., Spekman R. Characeristics of Partnership Success: Partnership Attributes, Communication Behavior, and Conflict Resolution Techniques [J]. Strategic Management Journal, 1994, 15 (2): 135 - 152.

[149] Wu F., Cavusgil S. T. Organizational learning, commitment, and joint value creation in inter - firm relationships [J]. Journal of Business Research, 2006, 59 (1): 81 - 89.

[150] 叶飞, 薛运普．关系承诺对信息共享与运营绩效的影响研究 [J]. 管理科学, 2012, 25 (5): 41 - 51.

[151] 张莉，林与川，迟冬梅．组织沟通方式对沟通满意度的影响：沟通认知与沟通倾向的调节作用 [J]. 科学学与科学技术管理，2012，33 (2)：167 – 175.

[152] Timme S. G.，Williams T. C. The Financial – SCM Connection [J]. Supply Chain Management Review，2000，4 (2)：33 – 40.

[153] Lamoureux M. A Supply Chain Finance Prime [J]. Supply Chain Finance，2007 (4)：34 – 48.

[154] 陈建中，肖甲山．供应链融资模式下商业信用融资决策探讨 [J]. 财务与金融，2008 (3)：10 – 12.

[155] 陈旭辉．深圳发展银行供应链金融创新研究 [D]. 西安：西北大学，2012.

[156] Gomm M. L. Supply Chain Finance：Applying Finance Theory to Supply Chain Management to Enhance Finance in Supply Chains [J]. International Journal of Logistics：Research and Applications，2010，13 (2)：133 – 142.

[157] 宋华，卢强．什么样的中小企业能够从供应链金融中获益？——基于网络和能力的视角 [J]. 管理世界，2017 (6)：104 – 121.

[158] Hakansson H. Understanding Business Markets [M]. New York：Croom Helm，1987.

[159] Walter A.，Auer M.，Ritter T. The Impact of Network Capabilities and Entrepreneurial Orientation on University Spin – off Performance [J]. Journal of Business Venturing，2006，21 (4)：541 – 567.

[160] 李纲，陈静静，杨雪．网络能力、知识获取与企业服务创新绩效的关系研究——网络规模的调节作用 [J]. 管理评论，2017，27 (2)：59 – 68 + 86.

[161] 张宝建，孙国强，裴梦丹，等．网络能力、网络结构与创业绩效——基于中国孵化产业的实证研究 [J]. 南开管理评论．2015，18 (2)：39 – 50.

[162] 王益锋，王晓萌．网络能力、资源获取与技术创新绩效——基

于科技型小微企业的实证研究［J］. 科技管理研究，2016（6）：135－147.

［163］ Simon H. A. The Architecture of Complexity ［J］. Proceedings of the American Philosophical Society，1962，106（6）：467－482.

［164］ Wilding R. The Supply Chain Complexity Triangle：Uncertainty Generation in the Supply Chain ［J］. International Journal of Physical Distribution & Logistics Management，1998，28（8）：599－616.

［165］ Bozarth C. C.，Warsing D. P.，Flynn B. B. et al. The Impact of Supply Chain Complexity on Manufacturing Plant Performance ［J］. Journal of Operations Management，2009，27（1）：78－93.

［166］ Isik F. Complexity in Supply Chains：A New Approach to Quantitative Measurement of the Supply－Chain－Complexity ［M］. Slavka Krautzeka：In Tech，2011.

［167］ 周驷华，万国华. 信息技术能力对供应链绩效的影响：基于信息整合的视角［J］. 系统管理学报，2016，25（1）：90－101.

［168］ 刘人怀，张镒. 互补性资产对双元创新的影响及平台开放度的调节作用［J］. 管理学报，2019，16（7）：949－956.

［169］ 苏云霞，孙明贵. 基于嵌入性的企业外部互补性资产合作研究［J］. 管理案例研究与评论，2017，10（1）：102－113.

［170］ 徐二明，徐凯. 资源互补对机会主义和战略联盟绩效的影响研究［J］. 管理世界，2012，（1）：93－103.

［171］ Gadde L. E，Snehota I. Making the Most of Supplier Relationships ［J］. Industrial Marketing Management，2000，29（4）：305－316.

［172］ Swoboda B.，Meierer M.，Foscht T.，et al. International SME Alliances：The Impact of Alliance Building and Configurational Fit on Success ［J］. Long Range Planning，2011，44（4）：271－288.

［173］ Cummings J. L.，Teng B. S. Transferring R&D Knowledge：The Key Factors Affecting Knowledge Transfer Success ［J］. 2003，20（1－2）：39－68.

［174］ David G.，Sirmon P.，Lane J. A Model of Cultural Differences and

International Alliance Performance [J]. Journal of International Business Studies, 2004, 35 (4): 306 -319 .

[175] 苏晓梅. 企业间合作绩效及其影响因素的实证研究 [D]. 镇江：江苏科技大学，2015.

[176] Pelton L. E. , Strutton D. , Lumpkin J. R. Marketing Channels: A Relationship Management Approach [M]. American: Mc Graw - Hill College, 2002.

[177] Stiles J. Strategic Alliances: Making Them Work [J]. Long Range Planning, 1994, 27 (4): 133 -137.

[178] 管玉娟，黄光球. 文化相似性对虚拟企业的知识共享及创新调节作用研究 [J]. 商业经济研究，2015 (2)：98 -99.

[179] Capello R. , Faggian A. Collective Learning and Relational Capital in Local Innovation Process [J]. Regional Studies, 2005, 39 (1): 75 -87.

[180] Lavie D. , Khanna, P. Organizational Differences, Relational Mechanisms, and Alliance Performance [J]. Strategic Management Journal, 2012, 33 (13): 1453 -1479.

[181] Roberta C. , Alessandra F. Collective Learning and Relational Capital in Local Innovation Processes [J]. Regional Studies, 2005, 39 (1): 75 -87.

[182] 杨红. 企业社会资本与突破式创新关系的实证研究——基于企业间合作行为和环境扫描的中介调节效应 [J]. 预测，2019, 38 (2)：52 -58.

[183] 蒋霁云. 基于目标不一致的供应链冲突分析 [J]. 攀枝花学院学报，2011, 28 (2)：13 -17.

[184] Angeles R. , Nath R. Partner Congruence in Electronic Data Interchange (EDI) - Enabledrelationships [J]. Journal of Busi - Ness Logistics, 2001, 22 (2): 109 -127.

[185] Wong A. , Tjosvold D. , Yu Z. Y. Organizational Partnerships in China: Self - Interest, Goal Interdependence, and Opportunism [J]. Journal of Applied Psychology, 2005, 90 (4): 782 -791.

[186] Tsai W. , Ghoshal S. Social Capital and Value Creation: The Role

of Intrafirm Networks [J]. Academy of Management Journal, 1998, 41 (4): 464 -476.

[187] 朱佳. IT 能力、信任、环境不确定性与供应链整合的关系研究 [D] 广州: 华南理工大学, 2014.

[188] 胡海青, 张琅, 张道宏. 供应链金融视角下的中小企业信用风险评估研究——基于 SVM 与 BP 神经网络的比较研究 [J]. 管理评论, 2012, 24 (11): 70 -80.

[189] 卢强, 刘贝妮, 宋华. 中小企业能力对供应链融资绩效的影响: 基于信息的视角 [J]. 南开管理评论, 2019, 22 (3): 122 -136.

[190] 乔琳, 丁莹莹. 供应链企业间合作行为对企业间合作绩效的影响 [J]. 统计与决策, 2019 (11): 186 -188.

[191] 刘锦英. 核心企业选择网络外部行动者的策略: 行动者特性视角 [J]. 管理评论, 2015, 27 (7): 177 -186.

[192] Brecic R, Simintiras A. The Moderating Effect of Perceived Effectiveness of SMEs' Marketing Function on the Network Ties - strategic Adaptiveness Relationship [J]. Journal of Small Business Management, 2016, 54 (4): 1080 -1098.

[193] Dirk H., Armbruster D., Mikhailov A. S., et al. Information and Material Flows in Complex Networks [J]. Physica A Statistical Mechanics and Its Applications, 2006, 363 (1): xi- xvi.

[194] 马文聪, 叶阳平, 徐梦丹, 朱桂龙. "两情相悦" 还是 "门当户对": 产学研合作伙伴匹配性及其对知识共享和合作绩效的影响机制 [J]. 南开管理评论, 2018, 21 (6): 95 -106.

[195] Doney P. M., Canon J. P. An Examination of the Nature Trust in Buyer - Seller Relationships [J]. Journal of Marketing, 1997, 61 (2): 35 -51.

[196] Anderson J. C., Narus J. A. A Model of Distributor Firm and Manufacturer Firm Working Partnerships [J]. Journal of Marketing, 1990, 54 (1): 42 -58.

[197] 张道宏，马辽原，胡海青．在孵企业网络能力对创新绩效的影响——以三重社会资本为中介变量［J］．科技进步与对策，2015，32（2）：96－104.

[198] 李随成，李勃，张延涛．供应商创新性、网络能力对制造企业产品创新的影响——供应商网络机构的调节作用［J］．科研管理，2013，34（11）：104－113.

[199] Anderson J.，Gerbing D. Structural Equation Modeling in Practice：A Review and Recommended Two Step Approach [J]. Psychological Bulletin，1988，103（3）：411－423.

[200] 温忠麟，侯杰泰，张雷．调节效应与中介效应的比较和应用［J］．心理学报，2005，（2）：268－274.

[201] Mackinnon，D. P.，Lockwood，C. M.，Hoffman，J. M.，et al. Comparison of Methods to Test Mediation and Other Intervening Variable Effects [J]. Psychological Methods，2002，7（1）：83－104.

[202] 温忠麟，叶宝娟．中介效应分析：方法和模型发展［J］．心理科学进展，2014，22（5）：731－745.

[203] 温忠麟，吴艳．潜变量交互效应建模方法演变与简化［J］．心理科学进展，2010，18（8）：1306－1313.

[204] Aiken L. S.，West S. G.，Reno R. R. Multiple Regression：Testing and Interpreting Interactions [M]. Newbury Park CA：SAGE Publications，1991.

[205] 罗胜强，姜嬿．管理学问卷调查研究方法［M］．重庆：重庆大学出版社，2014.

[206] 裴旭东，黄聿舟，李随成．资源识取与新创企业成长的动态匹配机制研究［J］．科研管理，2018，39（8）：169－176.

[207] 段云龙，张新启，刘永松，等．基于管理协同的产业技术创新战略联盟稳定性研究［J］．科技进步与对策，2019（5）：64－72.

[208] 李建升．企业文化与企业绩效关联机制研究——企业社会责任视角［D］．杭州：浙江大学，2008.

[209] Norman P M. Protecting Knowledge in Strategic Alliances: Resource and Relational Characteristics [J]. Journal of High Technology Management Research, 2002, 13 (2): 177 -202.

[210] 霍宝锋，韩昭君，赵先德．权力与关系承诺对供应商整合的影响 [J]. 管理科学学报，2013，16 (4): 34 -50.

[211] Wirsich A., Kock A., Strumann C., et al. Effects of University - Industry Collaboration on Technological Newness of Firms [J]. Journal of Product Innovation Management, 2016, 33 (6): 708 -725.

[212] Holm D. B., Eriksson K., Johanson J. Creating Value through Mutual Commitment to Business Network Relation - Ships [J]. Strategic Management Journal, 1999, 20 (5): 467 -486.

[213] Day M., Fawcett S. E., Fawcett A. M., Magnan G. M. Trust and Relational Embeddedness: Exploring a Paradox of Trust Pattern Development in Key Supplier Relationships [J]. Industrial Marketing Management, 2013, 42 (2): 152 -165.

[214] Caniato F., Gelsomino L. M., Perego A., Ronchi S. Does Finance Solve the Supply Chain Financing Problem? [J]. Supply Chain Management, 2016, 21 (5): 534 -549.

后　记

回首从事科研工作与学习的这些年，我感慨万千。在选择科研这条道路之初，我一度迷茫、焦虑，随着时间慢慢流逝，我的科研工作进展得并不顺利。我不断思索人生的方向，一次又一次怀疑选择是否正确，直到有一天我拿到了第一份论文录用通知。随后，在周围朋友的帮助、家人的鼓励和自己不断努力之下，我又拿到了一份论文录用通知，之后，逐渐了解自己未来应该努力的方向，坚定了自己开始的选择，痛并快乐着努力前行。经过几年的努力，回想选题再到撰写的每一个过程，这一系列繁琐、复杂的工作给我带来很大的挑战。在选题之初，每一个细节考虑、每一个创新点的挖掘，甚至每一个字句、标点符号的反复斟酌，原本以为同一本杂记那样信手拈来，却出乎意料的困难，借此机会，我要对多年来帮助过我的朋友们表示深深的感谢。

总结我的科研生涯，我深深体会到其中的快乐与悲伤，同时感悟到时间的飞快流逝。能够走到今天，没有周围人的支持和关怀，我不可能完成这一系列科研成果。首先，我要感谢我的恩师——西安理工大学胡海青教授，在我最迷茫的时候，恩师总是非常坚定的告诉我未来应该怎么做，恩师更是我的人生导师，平时对自己的严格要求和工作严谨的态度一次一次感染着我，让我明白要有所成就一定要一丝不苟、坚持不懈。“细节决定成败”一直是恩师赠予我们的人生格言，我也一直谨记这一人生信条，并在科研道路中严格要求自己，这也是我能够成功的关键所在。

在从事研究工作的这十年以来，我经历了结婚、生子，这一系列人生大事和我的科研道路交叉重叠，虽然感受到巨大的压力，同时我更感受到了家庭的温暖。在此，我要感谢我的家人，尤其是我的母亲和女儿，每当我迷茫无助的时候，看见女儿的笑脸，便立刻充满斗志，找到了努力的方向。每当我研究进展很慢时，母亲总会鼓励我。感谢我的父亲和老公，没有你们在经济上、精神上无条件支持我，减轻我生活和精神压力，在我不开心的时候还给予我各种鼓励，没有你们的支持，我想我没有办法毫无压力地坚持科研工作。

最后，非常感谢本书的出版方给予的大力支持与肯定，也希望能够为读者们带来一些有关供应链融资当中的新的知识，衷心祝愿广大读者及科研工作者能够一帆风顺，为中国科研事业做出更多贡献！

薛萌

2023 年 7 月